音読で身につく中国語

中級

崎原 麗霞
丁　雷

朝日出版社

音声ダウンロード

 音声再生アプリ「リスニング・トレーナー」新登場（無料）

朝日出版社開発のアプリ、「リスニング・トレーナー（リストレ）」を使えば、教科書の音声をスマホ、タブレットに簡単にダウンロードできます。どうぞご活用ください。

まずは「リストレ」アプリをダウンロード

▶ App Store はこちら　　▶ Google Play はこちら

アプリ【リスニング・トレーナー】の使い方

❶ アプリを開き、「**コンテンツを追加**」をタップ
❷ QRコードをカメラで読み込む

❸ QRコードが読み取れない場合は、画面上部に 45323 を入力し「Done」をタップします

パソコンからも以下の URL から音声をダウンロードできます

http://audiobook.jp/exchange/asahipress

▶ 音声ダウンロード用のコード番号【45323】

※ audiobook.jp への会員登録（無料）が必要です。すでにアカウントをお持ちの方はログインしてください。

QRコードは㈱デンソーウェーブの登録商標です

Web ストリーミング音声

http://text.asahipress.com/free/ch/ondokudeminitsuku

はじめに

　本テキストは中級レベルの学習者を対象に編集され、12課で構成されています。各課の本文には現代の社会生活に馴染み深いものや、大学生にとって関心のあるホットな話題の内容が収録されています。

　長年の教授経験ですが、中級レベルの授業においては、学習者の音読する時間が少ないことに気づきました。授業中の音読時間が少ないため、学習者の発音ミスを、教員がその場で直ちに正してあげられず、残してしまうことは少なくありません。

　そういう傾向を改善する工夫として、テキストに出るピンインの分かち書きは従来の慣習にとらわれず、とりわけ音読しやすいように区切りました。また、コラムには、中国語学習によく見られる問題点について分析を行い、より良い学習方法が収録されています。

　本テキストを通して、学習者が中国語の発音におけるよりいっそうの改善が見られ、文章を音読する際のリズム感を身につけ、発音に関する自信が高められることを期待するとともに、学習を通して中国社会や中国文化への理解も豊かになることを願っています。

2018年　秋　著者

目次

第一课　礼貌用语　6
1. 为了
2. 对
3. 跟
4. 按照
5. 的⑴
6. 会…（的）

第二课　排队　12
1. 要
2. 目的語が主述句になる場合
3. 让
4. 太
5. 总是
6. 地
7. 越…越…

第三课　各种各样的卡　18
1. 除了…（以外）
2. 恐怕
3. 是…的
4. 只
5. 由于
6. 又…又

第四课　运动爱好　24
1. 包括（…在内）
2. 受
3. 常见
4. 也
5. 所以
6. 并＋否定
7. 一边…一边…

第五课　因特网的由来　30
1. 被
2. 就是
3. 绝对
4. 想到
5. 出于
6. 通过…（来）

第六课　手机网络生活　36
1. 随着
2. 只要…就
3. 有的
4. 造成
5. 着
6. 导致

装丁・本文デザイン：小熊未央

第七课　孔子和《论语》　42

1. 于
2. 与
3. 的 (2)
4. 即便
5. 给
6. 依然

第八课　五颜六色　48

1. 根据
2. 特别是
3. 却
4. 用…来
5. 只有
6. 只有…才能
7. 难得

第九课　少数民族　54

1. 不是…而是
2. 不得不
3. 也就是说
4. 拥有
5. 一直
6. 快于
7. 越来越…

第十课　访日的中国观光客　60

1. 把…作为
2. 不仅仅
3. 与…有关
4. 虽然…但是…
5. 还是
6. 值得
7. 与…相比

第十一课　汽车大国　66

1. 经过
2. 甚至
3. 受到
4. 因此
5. 逐渐
6. 期待

第十二课　国际化人才　72

1. 能够
2. 应该
3. 具有
4. 才
5. 不仅…而且
6. 等同于
7. 如果
8. 一定

● 单語索引　78

第一课 Dì yī kè

礼貌用语 マナー用語
Lǐmàoyòngyǔ

从前， 中国人 初次见面 的 时候，为了 表示 对 对方
Cóngqián, Zhōngguórén chūcìjiànmiàn de shíhou, wèile biǎoshì duì duìfāng

的 尊敬，一般 使用 礼貌用语 打 招呼，说："幸会！幸会！"。
de zūnjìng, yìbān shǐyòng lǐmàoyòngyǔ dǎ zhāohu, shuō: "Xìnghuì! Xìnghuì!".

现在， 中国人 一般 只 简单 地 说："你好！"。
Xiànzài, Zhōngguórén yìbān zhǐ jiǎndān de shuō: "Nǐhǎo!".

跟 外国人 交往 的 时候，按照 不同 国家 的 习惯，
Gēn wàiguórén jiāowǎng de shíhou, ànzhào bùtóng guójiā de xíguàn,

有 不同 的 说法。跟 日本人 首次 见面 的 时候 说：
yǒu bùtóng de shuōfǎ. Gēn Rìběnrén shǒucì jiànmiàn de shíhou shuō:

"初次见面， 请 多 关照"。跟 欧美人 第一次 见面 的
"Chūcìjiànmiàn, qǐng duō guānzhào". Gēn Ōuměirén dìyīcì jiànmiàn de

时候 说："认识 你 很 高兴"。
shíhou shuō: "Rènshi nǐ hěn gāoxìng".

另外，在 中国， 关系 特别好 的 朋友 或 夫妻 之间，
Lìngwài, zài Zhōngguó, guānxì tèbiéhǎo de péngyou huò fūqī zhījiān,

使用 礼貌用语 的 频率 很 低。他们 认为 礼貌用语
shǐyòng lǐmàoyòngyǔ de pínlǜ hěn dī. Tāmen rènwéi lǐmàoyòngyǔ

会 显得 两个人 感情 不 好，有 距离感。
huì xiǎnde liǎnggerén gǎnqíng bù hǎo, yǒu jùlígǎn.

同学们， 你们 同意 这个 观点 吗？
Tóngxuémen, nǐmen tóngyì zhège guāndiǎn ma?

語句

- 礼貌　　　　lǐmào　　　　　　礼儀、礼節、マナー
- 从前　　　　cóngqián　　　　昔、以前、これまで、従前
- 为了　　　　wèile　　　　　　〜ために（目的を表す）
- 对　　　　　duì　　　　　　　〜に（向かって）、〜に対して
- 对方　　　　duìfāng　　　　　相手
- 表示尊敬　　biǎoshì zūnjìng　尊敬の意を表する、敬意を示す
- 幸会　　　　xìnghuì　　　　　お会いできて幸いですという意
- 只　　　　　zhǐ　　　　　　　ただ
- 跟　　　　　gēn　　　　　　　〜と
- 交往　　　　jiāowǎng　　　　付き合う、交際する
- 按照　　　　ànzhào　　　　　〜にしたがう
- 不同　　　　bùtóng　　　　　違う、異なる
- 说法　　　　shuōfǎ　　　　　言い方
- 另外　　　　lìngwài　　　　　それに、そのほか
- 频率　　　　pínlǜ　　　　　　頻度
- 认为　　　　rènwéi　　　　　〜思う、認める
- 显得　　　　xiǎnde　　　　　いかにも…に見える
- 会　　　　　huì　　　　　　　…する可能性がある

Column

大学生活

　　日本と中国の大学生活はどう違うのか？
　　一つ目は日本の大学では実家が遠い学生のほとんどがアパート生活を送っているのに対して、中国では、基本的に大学敷地内に建てた学生寮で暮らしている。
　　二つ目は、日本では、多くの大学生がアルバイトをしているが、中国ではそうとは限らず、していないのが大多数を占めている。
　　三つ目は、日本では、多くの学生が放課後の自由時間帯をいろんな部活に使っているようであるが、中国の大学では、部活に精を出している学生はそれほど多くないという。

学習ポイント

1 为了

…のために。目的または原因を表す。

为了学好汉语，他很努力。　　Wèile xuéhǎo Hànyǔ, tā hěn nǔlì.
为了复印资料，我去图书馆了。　Wèile fùyìn zīliào, wǒ qù túshūguǎn le.

🍀 请用"为了"造句：

2 对

…に（対して）。対人関係を表す。

我们对你没有意见。　Wǒmen duì nǐ méiyǒu yìjiàn.
大家对我很好。　　　Dàjiā duì wǒ hěn hǎo.

🍀 请用"对"造句：

3 跟

1) 「付き従う。あとについて行く」という意味。

跟我来。　　　　Gēn wǒ lái.
请跟我念。　　　Qǐng gēn wǒ niàn.
跟老师学汉语。　Gēn lǎoshī xué Hànyǔ.

2) 動作の相手を示す。…に。…に対して。

跟她见面。　　　Gēn tā jiànmiàn.
跟中国人交往。　Gēn Zhōngguórén jiāowǎng.

3) （並列を表す）…と。通常、名詞・人称代名詞を結びつける。
話し言葉に用いることが多い。

我跟她都是日本人。　Wǒ gēn tā dōu shì Rìběnrén.
→ 我和她都是日本人。　Wǒ hé tā dōu shì Rìběnrén.

🍀 请用"跟"造句：

4 按照

…に照らして。…によって。…のとおりに。

按照实际情况决定工作的内容。
Ànzhào shíjì qíngkuàng juédìng gōngzuò de nèiróng.

按照成绩发奖学金。　　Ànzhào chéngjì fā jiǎngxuéjīn.

请用"按照"造句：

5 的 (1)

「動詞(句)＋的＋名詞」の形で名詞を修飾する。

我想去的地方　　　　wǒ xiǎng qù de dìfang
她喜欢的杂志　　　　tā xǐhuan de zázhì
彼此非常熟悉的朋友　bǐcǐ fēicháng shúxi de péngyou

请用"的"造句：

6 会…（的）

（可能性があることを表す）…するであろう。…するものだ。

明天会下雨。　　　　　　Míngtiān huì xiàyǔ.
你的愿望一定会实现的。　Nǐ de yuànwàng yídìng huì shíxiàn de.

请用"会…（的）"造句：

練習問題

1 カッコに語句のピンインを書き、音読しましょう。

(1) 从前　　（　　　　　　）　　(7) 显得　　（　　　　　　）

(2) 表示尊敬（　　　　　　）　　(8) 夫妻之间（　　　　　　）

(3) 打招呼　（　　　　　　）　　(9) 礼貌用语（　　　　　　）

(4) 幸会　　（　　　　　　）　　(10) 频率很低（　　　　　　）

(5) 交往　　（　　　　　　）　　(11) 有距离感（　　　　　　）

(6) 关系特别好（　　　　　）　　(12) 观点　　（　　　　　　）

2 最も適切な語を選び空欄を埋め、文を完成させ、さらに訳しましょう。

　　　对　　为了　　跟

(1) 我（　　　　）她去图书馆。

　訳

(2) （　　　　）不迟到，很早去学校。

　訳

(3) 大家都（　　　　）我很好。

　訳

3 日本語の意味に合うように次の語句を正しい語順に並べ替えましょう。

(1) 相手への尊敬を表すため、一般的にマナー用語を使って挨拶をする。
　　一般　表示　尊敬　对方　对　礼貌用语　打招呼　使用　为了　的

(2) 中国では、互いに熟知している夫婦の間は、マナー用語の使用頻度が低い。
　　熟悉的　很低　的　在中国　夫妻之间　使用　频度　礼貌用语　彼此

4 次の文を中国語に訳しましょう。

(1) 学生にサービスを提供する。

(2) コピーのため、図書館に行った。

(3) 彼女と会う。

(4) 実際の状況によって仕事の内容を決める。

5 中国語でディスカッションしましょう。

(1) 从前，中国人之间初次见面的时候说什么？
答

(2) 除了"你好"以外，你还知道哪些汉语的礼貌用语？
答

(3) 跟日本人第一次见面的时候，一般说什么？
答

(4) 跟欧美人首次见面的时候，一般说什么？
答

第二课 Dì èr kè

排队 Páiduì
顺番待ち

CD05

一般 日本人 喜欢 排队。买票 要 排队,吃饭 要 排队,
Yìbān Rìběnrén xǐhuan páiduì. Mǎipiào yào páiduì, chīfàn yào páiduì,

坐电车 也 要 排队,甚至 灾难 来临,避难时 也 整齐有序。
zuòdiànchē yě yào páiduì, shènzhì zāinàn láilín, bìnànshí yě zhěngqíyǒuxù.

日本人 对 排队 习以为常,遵守 秩序,默默 地 等待
Rìběnrén duì páiduì xíyǐwéicháng, zūnshǒu zhìxù, mòmò de děngdài

机会 来临。
jīhuì láilín.

东日本 大地震时, 在 电视画面上 我们 看到,
DōngRìběn dàdìzhènshí, zài diànshìhuàmiànshang wǒmen kàndào,

成群结队 的 日本人 安静 地 坐在 车站台阶上 等 电车,
chéngqúnjiéduì de Rìběnrén ānjìng de zuòzài chēzhàntáijiēshang děng diànchē,

他们 那 淡定 的 表情 让 世人 惊叹不已。
tāmen nà dàndìng de biǎoqíng ràng shìrén jīngtànbùyǐ.

中国人 曾经 不太 习惯 排队,总是 蜂拥而上,
Zhōngguórén céngjīng bútài xíguàn páiduì, zǒngshì fēngyōng'érshàng,

排队时, 有时 加塞儿, 引起 外国人 的 反感。
páiduìshí, yǒushí jiāsāi'r, yǐnqǐ wàiguórén de fǎngǎn.

古人 说:"民 食足 而 知节"。温饱问题 解决后, 人们
Gǔrén shuō: "mín shízú ér zhījié". Wēnbǎowèntí jiějuéhòu, rénmen

开始 注重 礼节, 遵守 秩序。现在 的 中国年轻人 也 跟
kāishǐ zhùzhòng lǐjié, zūnshǒu zhìxù. Xiànzài de Zhōngguóniánqīngrén yě gēn

国际社会 接轨, 很 有 礼貌, 排队 也 很 自觉, 相信 今后
guójìshèhuì jiēguǐ, hěn yǒu lǐmào, páiduì yě hěn zìjué, xiāngxìn jīnhòu

中国 的 社会秩序 会 越来越 好。
Zhōngguó de shèhuìzhìxù huì yuèláiyuè hǎo.

語句

☐ 排队	páiduì	順番待ち、列を作ってならぶ
☐ 买票	mǎipiào	入場券（チケットなど）を買う
☐ 习以为常	xíyǐwéicháng	繰り返すうちに当たり前になる
☐ 默默地	mòmò de	黙々と
☐ 等待	děngdài	待つ（書面語）
☐ 看到	kàndào	目に入る
☐ 成群结队	chéngqúnjiéduì	群れをなす
☐ 安静地	ānjìng de	静かに
☐ 车站	chēzhàn	駅またはバス停
☐ 台阶	táijiē	階段
☐ 等	děng	待つ（口頭用語）
☐ 淡定的	dàndìng de	心を落ち着かせているたとえ
☐ 惊叹不已	jīngtànbùyǐ	驚いてやまない
☐ 不太习惯	bútài xíguàn	あまり慣れていない
☐ 蜂拥而上	fēngyōng'érshàng	殺到する、押し寄せる
☐ 加塞儿	jiāsāi'r	（列に）割り込む
☐ 引起	yǐnqǐ	引き起こす、もたらす、巻き起こす
☐ 温饱	wēnbǎo	衣食が満ち足りること
☐ 注重	zhùzhòng	重要視する、特に力を入れる
☐ 接轨	jiēguǐ	軌道をつなぐ、合わせる

Column

中国語学習の突破口　—単語の暗記

　中国語学習は、音声、語彙、文法、実際運用に重点が置かれているが、その突破口は単語の暗記にある。それは、語彙の量が言語学習の基礎を築いてくれるからである。

　周知のように、子供が大人から母語を習う際、とりわけ、言語学の知識を持っているわけでもないが、成長に伴い、自由自在に母語を運用できるようになる。その根底には、語彙量の増加が大きな役割を果たしていると思われる。つまり、人間の言語能力は、把握しているその言語の語彙量に左右されるともいえる。

　そのため、中国語を自由に操るには、大量の単語を暗記する必要が生まれ、毎日それを続けなければならない。暗記のコツとして、まず、テキストに収録される単語を全て丸暗記すること。そして、中国語検定試験やHSK試験用等々の基礎単語帳に範囲を広げ、さらにネット上の中国語新聞等をノートに書き写し、新聞に出てくる単語を暗記し、その活用に心がける努力を続けなければならない。

学習ポイント

1. 要

1) 意思・希望を表す。…したい。…するつもりだ。

　　我饿了，要吃饭。　　Wǒ è le, yào chīfàn.
　　我累了，要休息。　　Wǒ lèi le, yào xiūxi.

2) 必要・義務を表す。…しなければならない。…する必要がある。

　　今天我要去上课。　　Jīntiān wǒ yào qù shàngkè.
　　晚上他要去打工。　　Wǎnshang tā yào qù dǎgōng.

　　🍀 请用"要"造句：

2. 目的語が主述句になる場合

（主語）＋動詞（述語）＋目的語（主語＋述語）

　　等待机会来临。　　Děngdài jīhuì láilín.
　　欢迎你来日本。　　Huānyíng nǐ lái Rìběn.
　　祝你健康。　　　　Zhù nǐ jiànkāng.
　　谢谢你来送我。　　Xièxie nǐ lái sòng wǒ.

　　🍀 请用"祝"造句：

3. 让

使役を表す。（…に…）させる。（…させておく）。

　　让您久等了。　　　　Ràng nín jiǔ děng le.
　　让我慢慢想一想。　　Ràng wǒ mànman xiǎngyixiǎng.

　　🍀 请用"让"造句：

4. 太

1) （程度が適度を超えていることを表す）あまりにも…すぎる。ひどく。甚だしく。

　　太大了。　Tài dà le.　　　太高了。　Tài gāo le.
　　太贵了。　Tài guì le.　　　太快了。　Tài kuài le.

2) 「不太＋形容詞・動詞」の形で、否定の語気を和らげる。あまり…でない。

不太大。　Bútài dà.　　　不太高。　Bútài gāo.
不太贵。　Bútài guì.　　　不太快。　Bútài kuài.

🍀 请用"太"造句：

....

5　总是

いつも。いつまでも（…である）

春天我总是感冒。　　　　Chūntiān wǒ zǒngshì gǎnmào.
我总是记不住你的电话号码。　Wǒ zǒngshì jìbuzhù nǐ de diànhuà hàomǎ.

🍀 请用"总是"造句：

....

6　地

形容詞や他の語句の後につけて連用修飾語をつくる。

安静地睡了。　Ānjìng de shuì le.
悄悄地走了。　Qiāoqiāo de zǒu le.

🍀 请用"地"造句：

....

7　越…越…

…であればあるほどますます…である。

越走越远。　　　Yuè zǒu yuè yuǎn.
越看越喜欢。　　Yuè kàn yuè xǐhuan.
姜越老越辣。　　Jiāng yuè lǎo yuè là.（亀の甲より年の功）。

🍀 请用"越…越…"造句：

....

練習問題

1 カッコに語句のピンインを書き、音読しましょう。

(1) 坐电车　（　　　　　）　(7) 电视画面　（　　　　　）

(2) 避难　　（　　　　　）　(8) 惊叹不已　（　　　　　）

(3) 遵守秩序（　　　　　）　(9) 蜂拥而上　（　　　　　）

(4) 默默地　（　　　　　）　(10) 温饱问题　（　　　　　）

(5) 等待机会（　　　　　）　(11) 国际社会　（　　　　　）

(6) 大地震　（　　　　　）　(12) 接轨　　　（　　　　　）

2 下記の単語の順番を置き換え文を完成させ、訳しましょう。

(1) 去　図书馆　总是　他　星期天

　　　　　　　　　　　　　訳

(2) 排队　吃饭　要　中午

　　　　　　　　　　　　　訳

3 次の文を中国語に訳しましょう。

(1) チャンスが来るのを待っている。

(2) 春はいつも風邪を引く。

4　次の文を日本語に訳しましょう。

(1) 成群结队的日本人安静地坐在车站台阶上等电车。

答

(2) 他们那淡定的表情让世人惊叹不已。

答

(3) 相信中国的社会秩序会越来越好。

答

5　中国語でディスカッションしましょう。

(1) 日本人什么时候排队？

答

(2) 在大学食堂吃午饭时，你要不要排队？

答

(3) 你经历过地震吗？

答

(4) "民食足而知节"是什么意思？

答

(5) 现在的中国年轻人为什么开始排队了？

答

第三课 各种各样的卡
Dì sān kè　Gèzhǒnggèyàng de kǎ

いろいろなカード

现在年轻人的钱包里，除了现金以外，恐怕最多的就是五花八门的卡。有些卡是用来证明自己的身份的，比如：学生卡、教师卡、职员卡、会员卡、医疗卡、贵宾卡等。有些卡是用来消费的，比如：信用卡、就餐卡、购物卡、电话卡、公交卡等。还有些卡属于功能卡，比如：充值卡、积分卡、银行卡等。

实际上，对于我们来说，除了一些使用频率较高的信用卡、银行卡、公交卡以外，很多卡的使用频率非常低。有些会员卡只用过一次，有些积分卡甚至一次也没有用过。由于卡太多，钱包又大又重。每次整理钱包的时候，都会为一大堆没有用的卡而烦恼。

卡，究竟是方便了我们的生活，还是给我们带来了更多的烦恼呢？

語句

☐ 各种各样	gèzhǒnggèyàng	さまざまな
☐ 恐怕	kǒngpà	おそらく
☐ 五花八门	wǔhuābāmén	多種多様、さまざま
☐ 用来	yònglái	…に使う
☐ 身份	shēnfèn	身分
☐ 职员卡	zhíyuánkǎ	職員カード
☐ 会员卡	huìyuánkǎ	会員カード
☐ 贵宾卡	guìbīnkǎ	VIPカード
☐ 消费	xiāofèi	消費
☐ 购物卡	gòuwùkǎ	買物カード
☐ 公交卡	gōngjiāokǎ	交通カード
☐ 充值卡	chōngzhíkǎ	プリペイドカード
☐ 积分卡	jīfēnkǎ	ポイントカード
☐ 甚至	shènzhì	～さえ
☐ 没有用	méiyǒuyòng	無用な、役に立たない
☐ 究竟	jiūjìng	結局
☐ 烦恼	fánnǎo	悩み

Column — 録音データの活用法

　中国語学習における最も悩ましいことは、中国語を聴くチャンスが少なく、授業以外に中国語を耳にすることがほとんどないということであろう。また、リスニング訓練不足のため、多くの学生が中国語のリズムやテンポについていけなくなり、その結果、声調や発音を自らコントロールすることができなくなる。

　これを改善するには、テキストに付録している録音データの活用を強く勧める。一昔、録音の多くはCDであったが、今はMP3形式もある。MP3形式のファイルを携帯電話またはタブレットPCに入れると、随時に使用できるようになるからきわめて便利である。

　リスニング訓練の最も良い時間帯は起床後と就寝前。毎回10分ほどで十分であり、また、同じ内容を3回繰り返し聞くのが効果的である。1回目はテキストの本文を見ながら聞くこと。2回目は聞きながらノートに本文を書き写すこと。3回目はテキストを見ずに、聞き取れた内容をノートに書き出すこと。この作業を一か月間継続した後、中国語リスニング力の飛躍的な上達が期待できると思われる。

学習ポイント

1. 除了…(以外)

…を除いて。…するほか。…以外。その他が一致することを強調する。

除了小李，大家都是日本人。
Chúle Xiǎo-Lǐ, dàjiā dōu shì Rìběnrén.

除了吃饭和睡觉，他什么也不干。
Chúle chīfàn hé shuìjiào, tā shénme yě bú gàn.

 请用"除了…"造句：

2. 恐怕

1) （よくない結果を予測している）おそらく。

明天恐怕要下雨。　　　　Míngtiān kǒngpà yào xiàyǔ.
恐怕他不会赞成。　　　　Kǒngpà tā bú huì zànchéng.

2) （聞き手に同調を期待しながら予測して）たぶん。

这个东西恐怕他最喜欢。　Zhège dōngxi kǒngpà tā zuì xǐhuan.
她最想去的恐怕是东京。　Tā zuì xiǎng qù de kǒngpà shì Dōngjīng.

 请用"恐怕"造句：

3. 是…的

常用表現。"是"と"的"の間にある「いつ、どこ、誰、どのように…」などに関する情報を強調する。"是"は省略されることもある。

我是从去年开始学汉语的。　Wǒ shì cóng qùnián kāishǐ xué Hànyǔ de.
你是怎么学汉语的？　　　　Nǐ shì zěnme xué Hànyǔ de?
她是开车来的。　　　　　　Tā shì kāichē lái de.

 请用"是…的"造句：

4 只

ただ。…ばかり。…だけ。…しかない。それ以外にはないこと表す。

我只去过美国。　　Wǒ zhǐ qùguo Měiguó.
他只学英语。　　　Tā zhǐ xué Yīngyǔ.
我只有一个妹妹。　Wǒ zhǐ yǒu yíge mèimei.

 请用"只"造句：

5 由于

接続詞。…なので。…だから。

由于雨水不足，夏天经常断水。　Yóuyú yǔshuǐ bù zú, xiàtiān jīngcháng duànshuǐ.
由于太累，他病倒了。　　　　　Yóuyú tài lèi, tā bìngdǎo le.

 请用"由于"造句：

6 又…又…

いくつかの動作・状態・情況の累加や並列を表す。

又高又大　　　　yòu gāo yòu dà
又好又快　　　　yòu hǎo yòu kuài
又哭又笑　　　　yòu kū yòu xiào
又方便又安全　　yòu fāngbiàn yòu ānquán

 请用"又…又…"造句：

練習問題

1 カッコに語句のピンインを書き、音読しましょう。

(1) 年轻人　（　　　　　）　　(7) 用来消费　（　　　　　）

(2) 现金　（　　　　　）　　(8) 实际上　（　　　　　）

(3) 证明　（　　　　　）　　(9) 一大堆　（　　　　　）

(4) 身份　（　　　　　）　　(10) 没有用　（　　　　　）

(5) 学生卡　（　　　　　）　　(11) 烦恼　（　　　　　）

(6) 医疗卡　（　　　　　）　　(12) 究竟　（　　　　　）

2 最も適切な語を選び空欄を埋め、文を完成させた後訳しましょう。

| 有　在　由于　恐怕 |

(1) （　　　　）生病，她今天不能来上课。

訳

(2) 王教授不（　　　　）研究室。

訳

(3) 日常生活中，用的最多的，（　　　　）是银行卡。

訳

(4) 你（　　　　）就餐卡吗？

訳

3 次の文を中国語に訳しましょう。

(1) 午後からは、おそらく雨が降るでしょう。

(2) 財布の中に、現金以外は、カードが多く入っている。

(3) 学生証は身分証明に使う。

(4) 会員カードは使用頻度が高くない。

4 中国語でディスカッションしましょう。

(1) 现在的年轻人，钱包里都有什么？

答

(2) 哪些卡可以证明自己的身份？

答

(3) 哪些卡属于功能卡？

答

(4) 哪些卡的使用频率较高？

答

第四课 Dì sì kè

运动爱好 Yùndòng'àihào
好きなスポーツ

CD13

大学生们 的 运动爱好 因人而异，一般 主要 有 以下
Dàxuéshēngmen de yùndòng'àihào yīnrén'éryì, yìbān zhǔyào yǒu yǐxià
三类。第一 是 球类，包括 足球、篮球 和 排球，俗称
sānlèi. Dìyī shì qiúlèi, bāokuò zúqiú、lánqiú hé páiqiú, súchēng
"三大球"。其中，最受 年轻人 欢迎 的 是 足球 和 篮球。
"sāndàqiú". Qízhōng, zuìshòu niánqīngrén huānyíng de shì zúqiú hé lánqiú.
另外，还有 一些 球类，受到 特定 人群 的 喜爱。比如：
Lìngwài, háiyǒu yìxiē qiúlèi, shòudào tèdìng rénqún de xǐ'ài. Bǐrú:
中国 的 大学生 一般 喜欢 乒乓球 和 羽毛球，日本 和
Zhōngguó de dàxuéshēng yìbān xǐhuan pīngpāngqiú hé yǔmáoqiú, Rìběn hé
美国 的 大学生 一般 喜欢 棒球 和 网球。
Měiguó de dàxuéshēng yìbān xǐhuan bàngqiú hé wǎngqiú.
第二 是 跑步类，常见 的 有 慢跑 和 长跑。跑步 不
Dì'èr shì pǎobùlèi, chángjiàn de yǒu mànpǎo hé chángpǎo. Pǎobù bú
太 依赖 专用工具，也 没有 人员 的 限制。而且 跑步 对
tài yīlài zhuānyònggōngjù, yě méiyǒu rényuán de xiànzhì. Érqiě pǎobù duì
减肥 和 提高 身体 的 协调性 有 很 大 的 好处，所以
jiǎnféi hé tígāo shēntǐ de xiétiáoxìng yǒu hěn dà de hǎochù, suǒyǐ
喜欢 跑步 的 年轻人 也 不 少。
xǐhuan pǎobù de niánqīngrén yě bù shǎo.
第三类 是 水上运动，包括 游泳 和 潜水，这里 说 的
Dìsānlèi shì shuǐshàngyùndòng, bāokuò yóuyǒng hé qiǎnshuǐ, zhèlǐ shuō de
游泳 并不是 指 真正 的 游泳运动，而是 到 有沙滩 的
yóuyǒng bìngbúshì zhǐ zhēnzhèng de yóuyǒngyùndòng, érshì dào yǒushātān de
海边 去 玩水。很 多 大学生 假期 都 会 和 几个 好朋友
hǎibiān qù wánshuǐ. Hěn duō dàxuéshēng jiàqī dōu huì hé jǐge hǎopéngyou
一起 开车 到 海边，一边 烧烤 一边 玩水。这几年 流行
yìqǐ kāichē dào hǎibiān, yìbiān shāokǎo yìbiān wánshuǐ. Zhèjǐnián liúxíng
潜水，它 通过 一些 有趣 的 探险内容，把 锻炼 身体 和
qiánshuǐ, tā tōngguò yìxiē yǒuqù de tànxiǎnnèiróng, bǎ duànliàn shēntǐ hé

满足 年轻人 的 好奇心 结合起来，在 运动 的 时候 感受
mǎnzú niánqīngrén de hàoqíxīn jiéhéqǐlai, zài yùndòng de shíhou gǎnshòu

海洋 的 魅力。
hǎiyáng de mèilì.

語句

☐ 因人而异	yīnrén'éryì	人によって異なる。人それぞれ
☐ 球类	qiúlèi	球技類
☐ 足球	zúqiú	サッカー
☐ 篮球	lánqiú	バスケットボール
☐ 排球	páiqiú	バレーボール
☐ 年轻人	niánqīngrén	若者
☐ 喜爱	xǐ'ài	好む、かわいがる
☐ 比如	bǐrú	たとえば
☐ 乒乓球	pīngpāngqiú	卓球
☐ 羽毛球	yǔmáoqiú	バドミントン
☐ 棒球	bàngqiú	野球
☐ 网球	wǎngqiú	テニス
☐ 跑步	pǎobù	ランニング
☐ 慢跑	mànpǎo	ジョギング
☐ 长跑	chángpǎo	長距離ランニング
☐ 工具	gōngjù	道具、ツール
☐ 而且	érqiě	かつ、そのうえ、しかも
☐ 减肥	jiǎnféi	ダイエットする
☐ 提高	tígāo	引き上げる、高める
☐ 好处	hǎochù	メリット、有利な点
☐ 玩水	wánshuǐ	水遊びする
☐ 假期	jiàqī	休暇、休み
☐ 烧烤	shāokǎo	バーベキュー
☐ 潜水	qiánshuǐ	ダイビング
☐ 有趣的	yǒuqù de	面白い

学習ポイント

1 包括（…在内）

（…を）含む，含有する，含める。

我们的设计已经包括了你们的意见。
Wǒmen de shèjì yǐjīng bāokuò le nǐmen de yìjiàn.

房租每月三万日元，水电费包括在内。
Fángzū měiyuè sān wàn Rìyuán, shuǐdiànfèi bāokuò zài nèi.

队员一共有十名，其中包括两名女性。
Duìyuán yígòng yǒu shímíng, qízhōng bāokuò liǎngmíng nǚxìng.

 请用"包括"造句：

2 受

1) 「受ける。受け取る。もらう」という意味。

　　受教育　　shòu jiàoyù

2) 被害を蒙る。「…にあう。…される」という意味。

　　受灾　　shòu zāi　　　受难　　shòu nàn
　　受骗　　shòu piàn　　 受损失　shòu sǔnshī

3) 「耐える。耐え忍ぶ。我慢する」という意味。

　　受不了　　shòubuliǎo

 请用"受"造句：

3 常见

よく見かける。よくある。

过去，糖尿病不是常见病。　　Guòqù, tángniàobìng bú shì chángjiànbìng.
常见的有苹果手机和安卓手机。　Chángjiàn de yǒu Píngguǒshǒujī hé Ānzhuóshǒujī.

 请用"常见"造句：

4 　也

事実や仮定にかかわりなく、結果は同じことだということを表す。

你不说我也知道。　　Nǐ bù shuō wǒ yě zhīdao.
她永远也不知道累。　Tā yǒngyuǎn yě bù zhīdào lèi.

 请用"也"造句：

5 　所以

因果関係を述べる文の冒頭に用いる。"因为""由于"などと呼応することが多い。

老师感冒了，所以不能去上课。
Lǎoshī gǎnmào le, suǒyǐ bù néng qù shàngkè.

因为我喜欢冒险，所以决定去登山。
Yīnwèi wǒ xǐhuan màoxiǎn, suǒyǐ juédìng qù dēngshān.

 请用"所以"造句：

6 　并＋否定

決して。べつに。「并＋否定」の形で、一般の予想やもとの考えと実際の情況が異なることを説明する。

学好汉语并不难。　　　　　Xuéhǎo Hànyǔ bìng bù nán.
聪明的人并不一定能成功。　Cōngmíng de rén bìng bù yídìng néng chénggōng.

 请用"并＋否定"造句：

7 　一边…一边…

～しながら～する

一边走路一边看手机，很危险。　Yìbiān zǒu lù yìbiān kàn shǒujī, hěn wēixiǎn.
他喜欢一边听音乐一边学习。　　Tā xǐhuan yìbiān tīng yīnyuè yìbiān xuéxí.

请用"一边…一边"造句：

練習問題

1 カッコに語句のピンインを書き、音読しましょう。

(1) 因人而异　（　　　　　）　　(5) 海边　　　（　　　　　）

(2) 协调性　　（　　　　　）　　(6) 烧烤　　　（　　　　　）

(3) 水上运动　（　　　　　）　　(7) 锻炼身体　（　　　　　）

(4) 沙滩　　　（　　　　　）　　(8) 好奇心　　（　　　　　）

2 最も適切な語を選び空欄を埋め、文を完成させた後訳しましょう。

　　还　　所以　　不太

(1) 我想去中国留学，（　　　　）选修了汉语课。

　訳

(2) 一般中国人还（　　　　）习惯吃生鱼片。

　訳

(3) 他（　　　　）住在日本。

　訳

3 次の文を中国語に訳しましょう。

(1) ランニングが好きな若者も多い。

(2) 人員の制限もない。

(3) 数名の友達と一緒に海辺へドライブする。

(4) 砂浜のあるビーチで水遊びをする。

(5) ダイビングをするときに海の魅力を感じ取る。

4 本文の内容に基づき、以下の質問を中国語で答えましょう。

(1) 球类包括什么？
答

(2) 中国的大学生一般喜欢什么？日本和美国的大学生呢？
答

(3) 跑步类包括什么？
答

(4) 跑步的好处有哪些？
答

(5) 这里说的"游泳"，具体是指什么？
答

(6) 潜水有什么特点？
答

第五课 Dì wǔ kè

因特网的由来
Yīntèwǎng de yóulái

インターネットの由来

因特网 在 中国 通常 被 称为 互联网，它 几乎 联系着
Yīntèwǎng zài Zhōngguó tōngcháng bèi chēngwéi hùliánwǎng, tā jīhū liánxìzhe

世界上 所有 的 国家 和 地区，是 世界上 信息资源 最
shìjièshang suǒyǒu de guójiā hé dìqū, shì shìjièshang xìnxīzīyuán zuì

丰富 的 电脑 公共 网络。
fēngfù de diànnǎo gōnggòng wǎngluò.

在 某种 意义上，因特网 可以说 是 美苏 冷战 的 产物。
Zài mǒuzhǒng yìyìshang, Yīntèwǎng kěyǐshuō shì Měi-Sū lěngzhàn de chǎnwù.

1969年 美国 研究 开发了 国防用 的 计算机 网络，这
Yījiǔliùjiǔnián Měiguó yánjiū kāifāle guófángyòng de jìsuànjī wǎngluò, zhè

就是 因特网 的 前身。
jiùshì Yīntèwǎng de qiánshēn.

因特网 由 单纯 的 军用 扩大到 民用，给 人们 带来了
Yīntèwǎng yóu dānchún de jūnyòng kuòdàdào mínyòng, gěi rénmen dàiláile

极大 的 方便。它 的 创始人 绝对 没 想到 它 能 发展
jídà de fāngbiàn. Tā de chuàngshǐrén juéduì méi xiǎngdào tā néng fāzhǎn

成为 目前 的 规模，在 因特网 问世之初，没有人 能 想到
chéngwéi mùqián de guīmó, zài Yīntèwǎng wènshìzhīchū, méiyǒurén néng xiǎngdào

它 会 走进 千家万户。
tā huì zǒujìn qiānjiāwànhù.

目前，在 网络上 发展出来 的 特有文化 以及 行为，被
Mùqián, zài wǎngluòshang fāzhǎnchūlái de tèyǒuwénhuà yǐjí xíngwéi, bèi

称为 网络文化。比如，"破解者"、"网络作家"、"网络歌手"、
chēngwéi wǎngluòwénhuà. Bǐrú, "pòjiězhě"、"wǎngluòzuòjiā"、"wǎngluògēshǒu"、

"网络购物" 等等。此外，还有 一个 名词 叫 "网络封锁"，
"wǎngluògòuwù" děngděng. Cǐwài, háiyǒu yíge míngcí jiào "wǎngluòfēngsuǒ",

它 是 指 个别政府 或 机构 出于 政治 或 经济原因，
tā shì zhǐ gèbiézhèngfǔ huò jīgòu chūyú zhèngzhì huò jīngjìyuányīn,

通过 技术手段 限制 用户 访问 某些 网站。这 也 叫
tōngguò jìshùshǒuduàn xiànzhì yònghù fǎngwèn mǒuxiē wǎngzhàn. Zhè yě jiào

硬件防火墙。
yìngjiànfánghuǒqiáng.

我们 生活在 一个 信息 泛滥 的 时代，信息 的 取舍
Wǒmen shēnghuózài yíge xìnxī fànlàn de shídài, xìnxī de qǔshě
要 三思而行。
yào sānsī'érxíng.

語句

互联网	hùliánwǎng	双方向ネットワーク、インターネット
用户	yònghù	使用者、ユーザー
信息资源	xìnxīzīyuán	情報量
网络	wǎngluò	ネットワーク
某种意义上	mǒuzhǒng yìyìshang	ある意味
可以说	kěyǐshuō	〜と言える
美苏	Měi-Sū	アメリカとソビエト
计算机	jìsuànjī	電子計算機、コンピュータ
创始人	chuàngshǐrén	創始者、開発者
走进	zǒujìn	歩いて入る、入る、進入する
成为	chéngwéi	…になる
目前	mùqián	目下
以及	yǐjí	及び
破解者	pòjiězhě	クラッカー
购物	gòuwù	買い物
此外	cǐwài	このほかに
硬件	yìngjiàn	ハードウェア
防火墙	fánghuǒqiáng	ファイヤーウォール
取舍	qǔshě	取捨する、選択する
三思而行	sānsī'érxíng	熟考の上実行する

学習ポイント

1 被

受動を表す（受け身の文で行為者を導く）　…に，…から（…される，…られる）。

  被上司批评。   Bèi shàngsi pīpíng.
  被公司解雇。   Bèi gōngsī jiěgù.
  我的书被弟弟拿走了。 Wǒ de shū bèi dìdi názǒu le.

 🍀 请用"被"造句：

---

2 就是

1) 意志の確定を強調する。

  我说了多次，她就是不同意。 Wǒ shuōle duōcì, tā jiùshì bù tóngyì.
  我说不干就是不干。   Wǒ shuō bú gàn jiùshì bú gàn.

2) 範囲を限定し、他を排除する。

  这就是我的家。   Zhè jiùshì wǒ de jiā.
  就是你不愿意去。   Jiùshì nǐ bú yuànyì qù.
  商店里什么都有，就是钱包里没有钱。
  Shāngdiànli shénme dōu yǒu, jiùshì qiánbāoli méiyǒu qián.

 🍀 请用"就是"造句：

---

3 绝对

1) 絶対に。無条件に。

  绝对服从命令。   Juéduì fúcóng mìnglìng.
  绝对不可动摇的信念 juéduì bù kě dòngyáo de xìnniàn

2) （ある一つの条件のみを基準とし、他の条件を考えに入れない）絶対の。

  绝对值 juéduìzhí   绝对温度 juéduì wēndù
  绝对高度 juéduì gāodù

3) 必ず。きっと。まちがいなく。決して。

  绝对做不到。 Juéduì zuòbudào.
  我绝对想不到你不喜欢看电影。 Wǒ juéduì xiǎngbudào nǐ bù xǐhuan kàn diànyǐng.

🍀 请用"绝对"造句：

4 想到

1) 思いつく。思い出す。気がつく。頭に浮かぶ。

　　我想到一件重要的事情。
　　Wǒ xiǎngdào yíjiàn zhòngyào de shìqing.

2) 予想する。

　　没想到北京的天气这么冷。 Méi xiǎngdào Běijīng de tiānqì zhème lěng.

🍀 请用"想到"造句：

5 出于

…から。…のため

　　出于对工作的责任感，他坚持上班。
　　Chūyú duì gōngzuò de zérèngǎn, tā jiānchí shàngbān.

　　他去南极是出于自愿。
　　Tā qù Nánjí shì chūyú zìyuàn.

🍀 请用"出于"造句：

6 通过…（来）

…を通して…する

　　通过技术革新（来）发展产业。　　Tōngguò jìshù géxīn (lái) fāzhǎn chǎnyè.
　　通过上网（来）了解国外的情况。
　　Tōngguò shàngwǎng (lái) liǎojiě guówài de qíngkuàng.

🍀 请用"通过…来"造句：

練習問題

1 カッコ内に語句のピンインを書き、音読しましょう。

(1) 互联网　　（　　　　　　）　(7) 破解者　　（　　　　　　）

(2) 冷战　　　（　　　　　　）　(8) 网络购物　（　　　　　　）

(3) 国防用　　（　　　　　　）　(9) 网络封锁　（　　　　　　）

(4) 绝对没想到（　　　　　　）　(10) 防火墙　　（　　　　　　）

(5) 千家万户　（　　　　　　）　(11) 信息泛滥　（　　　　　　）

(6) 网络文化　（　　　　　　）　(12) 三思而行　（　　　　　　）

2 次の語句の順番を置き換え、文を完成させ、さらに訳しましょう。

(1) 西班牙语　他　没有人　会说　想到　　＊西班牙语→スペイン語

訳

(2) 今天　课　绝对　没有

訳

3 次の文を中国語に訳しましょう。

(1) やらないと言ったらやらない。

(2) 絶対に命令に服従する。

(3) 大事なことを思い出した。

(4) 北京の天気はこんなに寒いとは思わなかった。

4 次の文を日本語に訳しましょう。

(1) 因特网由单纯的军用扩大到民用，给人们带来了极大的方便。

答

(2) 个别政府或机构出于政治或经济原因，通过技术手段限制用户访问某些网站。

答

(3) 我们生活在一个信息泛滥的时代，信息的取舍要三思而行。

答

5 中国語でディスカッションしましょう。

(1) 因特网在中国又叫什么？

答

(2) 因特网的前身是什么？

答

(3) 因特网的创始人没有想到什么？

答

(4) 哪些内容属于网络文化？

答

(5) 网络封锁是什么意思？

答

(6) 你遇到过网络封锁吗？

答

第六课 手机网络生活

携帯電話ネットワーク生活

Shǒujī wǎngluò shēnghuó

CD21

据调查，目前中国的网络用户达到了7.51亿人，其中，手机网络用户达到了7.24亿人，成为上网方式的主流。

用手机上网的主要目的是处理人际关系，时下流行的微信、连我、脸书、微博、推特等手机软件就是这方面的代表。另外，随着智能手机的普及和网络支付手段的完善，手机网络消费也逐渐流行起来。在中国，使用二维码支付已经成为了新的主要支付方式，很多年轻人出门不带钱包，只要有手机、有网络，就可以支付账单，非常方便。

手机网络给人们带来方便的同时，也占用了大量的休息时间。中国媒体的调查显示，百分之五十左右的用户在坐公交车、地铁或出租车时，低头使用手机。另外，睡觉前、上厕所和在咖啡厅休息的时候，使用手机的人也逐渐增多。这些行为导致大脑得不到

合理 的 休息，容易 造成 过度疲劳。有的 年轻人 过马路、
hélǐ de xiūxi, róngyì zàochéng guòdùpíláo. Yǒude niánqīngrén guòmǎlù、

骑自行车、开车时 也 忙着 低头 看 手机，导致了 不少事故，
qízìxíngchē、 kāichēshí yě mángzhe dītóu kàn shǒujī, dǎozhìle bùshǎoshìgù,

造成了 人身伤亡 的 惨剧 发生。
zàochéngle rénshēnshāngwáng de cǎnjù fāshēng.

同学们，你们 是 怎么 安排 手机 上网 时间 的 呢？
Tóngxuémen, nǐmen shì zěnme ānpái shǒujī shàngwǎng shíjiān de ne?

語句

☐ 达到	dádào	達する
☐ 微信	Wēixìn	WeChat
☐ 连我	Liánwǒ	LINE
☐ 脸书	Liǎnshū	Facebook
☐ 微博	Wēibó	Weibo
☐ 推特	Tuītè	Twitter
☐ 手机软件	shǒujīruǎnjiàn	携帯アプリ
☐ 智能手机	zhìnéngshǒujī	スマートフォン
☐ 二维码支付	èrwéimǎzhīfù	QRコード決済
☐ 账单	zhàngdān	勘定書
☐ 媒体	méitǐ	メディア
☐ 显示	xiǎnshì	示す
☐ 出租车	chūzūchē	タクシー
☐ 上厕所	shàng cèsuǒ	トイレに行く
☐ 逐渐	zhú jiàn	次第に
☐ 导致	dǎozhì	引き起こす
☐ 得不到	débudào	得られない
☐ 过马路	guòmǎlù	道路を渡る
☐ 低头	dītóu	うつむく
☐ 造成	zàochéng	引き起こす、きたす
☐ 人身伤亡	rénshēnshāngwáng	人身死傷
☐ 惨剧	cǎnjù	惨劇
☐ 安排	ānpái	割振りする、手配する

学習ポイント

1 随着

…に従って。…につれて。…に伴って

随着对方的意思制定方案。
Suízhe duìfāng de yìsi zhìdìng fāng'àn.

随着石油涨价，物价也开始上涨。
Suízhe shíyóu zhǎngjià, wùjià yě kāishǐ shàngzhǎng.

🍀 请用"随着"造句：

2 只要…就

常用表現。～さえすれば、～になる。"只要"は主語の前にも後にも用いられる。

只要打电话通知她，她就会把样品送过来。
Zhǐyào dǎ diànhuà tōngzhī tā, tā jiù huì bǎ yàngpǐn sòngguòlai.

只要你开心，我就高兴。 Zhǐyào nǐ kāixīn, wǒ jiù gāoxìng.　＊开心→愉快である。

🍀 请用"只要…就"造句：

3 有的

ある（人）。ある（もの）。繰り返しの形で用いることが多い。

有的东西见过，有的东西没有见过。
Yǒude dōngxi jiànguo, yǒude dōngxi méiyǒu jiànguo.

有的人喜欢美国，有的人喜欢日本。
Yǒuderén xǐhuan Měiguó, yǒuderén xǐhuan Rìběn.

🍀 请用"有的"造句：

4 造成

引き起こす、きたす、もたらす

造成困难　zàochéng kùnnan　　　造成假象　zàochéng jiǎxiàng

浪费会造成很大的经济损失。Làngfèi huì zàochéng hěn dà de jīngjì sǔnshī.

🍀 请用"造成"造句：

_____

5 着

（正）（在）＋動詞＋着＋…（呢）　→　動作の進行を表す。～している。

　　她正在看着书呢。
　　Tā zhèngzài kànzhe shū ne.

動詞・形容詞＋着　→　状態の持続を表す。～ている。～てある。

　　黑板上写着你的名字。
　　Hēibǎnshang xiězhe nǐ de míngzi.

場所＋動詞＋着＋人・物　→　（人・物がある場所に）～している。存在している。

　　墙上挂着一幅世界地图。
　　Qiángshang guàzhe yìfú shìjièdìtú.

動詞（形容詞）＋着＋動詞　→　～して～する。～しながら～する。

　　走着去。　　　Zǒuzhe qù.
　　急着上班。　　Jízhe shàngbān.
　　忙着打电话。　Mángzhe dǎ diànhuà.

🍀 请用"着"造句：

_____

6 导致

導く、招く、引き起こす

　　导致分裂　dǎozhì fēnliè　　　导致不和　dǎozhì bùhé

　　由于不遵守交通规则，导致事故发生。
　　Yóuyú bù zūnshǒu jiāotōng guīzé, dǎozhì shìgù fāshēng.

🍀 请用"导致"造句：

_____

練習問題

1 カッコに語句のピンインを書き、音読しましょう。

(1) 微信　　　（　　　　　）　　(7) 公交车　　（　　　　　）

(2) 二维码　　（　　　　　）　　(8) 出租车　　（　　　　　）

(3) 智能手机　（　　　　　）　　(9) 上厕所　　（　　　　　）

(4) 支付手段　（　　　　　）　　(10) 得不到　　（　　　　　）

(5) 账单　　　（　　　　　）　　(11) 咖啡厅　　（　　　　　）

(6) 媒体　　　（　　　　　）　　(12) 过度疲劳　（　　　　　）

2 次の文を中国語に訳しましょう。

(1) 携帯とネットワークがあれば、支払いはできる。

(2) QRコード使用の支払いが主流となっている。

(3) 多くの休憩時間を費やしている。

(4) 脳が過度の疲労に達する。

(5) 自転車に乗っている時も携帯電話を見ている。

3 次の文を日本語に訳しましょう。

(1) 很多年轻人出门不带钱包，只要有手机，有网络就可以支付账单，非常方便。

答

(2) 这些行为导致大脑得不到合理的休息，容易造成过度疲劳。

答

(3) 过马路时也忙着低头看手机，导致了不少事故，造成了人身伤亡的惨剧发生。

答

4 中国語でディスカッションしましょう。

(1) 目前中国主要的上网方式是什么？

答

(2) 用手机上网的主要目的是什么？

答

(3) 二维码支付方式需要什么条件？

答

(4) 手机网络给人们带来了什么？同时也占用了什么？

答

第七课 孔子和《论语》

孔子と『論語』

孔子是中国春秋时期的教育家、哲学家，出身于当时的鲁国，是儒教的创始人。孔子提倡仁政，主张爱民。他为了实现自己美好的政治理想，十四年间与弟子一起游说诸国，可惜孔子的主张没有被统治者采纳，最终，他回到故乡，专心致力于教育和整理古典书籍。孔子死后，他的弟子把孔子和弟子以及弟子之间的对话整理成《论语》。

《论语》共二十篇，记载了孔子提倡仁政的意义以及孔子对政治和教育的见解，是了解孔子思想的基础资料。据说，《论语》在应神天皇时代经由朝鲜半岛传入日本，是中国最早传入日本的书籍之一，它促进了汉字在日本的传播。明治维新期间，《论语》在日本工商界被称为"经营指南"和"经营宝典"，即便到了今天，解读和阐释《论语》的书籍依然热卖，由此可见，《论语》的传入，

给 日本社会 带来了 巨大 的 影响。
gěi Rìběnshèhuì dàiláile jùdà de yǐngxiǎng.

同学们，你们 有没有 读过《论语》原著？
Tóngxuémen, nǐmen yǒumeiyǒu dúguo «Lúnyǔ» yuánzhù?

語句

☐ 提倡	tíchàng	提唱する、呼びかける
☐ 仁政	rénzhèng	情け深い政治
☐ 专心	zhuānxīn	一心不乱にやる、余念がない
☐ 致力于	zhìlìyú	…に力を集中する、努力する、力を注ぐ
☐ 整理	zhěnglǐ	整理する、整える
☐ 共	gòng	全部で、合計
☐ 了解	liǎojiě	理解する、了解する、分かる、知る
☐ 传入	chuánrù	伝来する
☐ 最早	zuìzǎo	最初、最古
☐ 阐释	chǎnshì	解釈する、詳説する
☐ 热卖	rèmài	よく売れる
☐ 由此可见	yóucǐkějiàn	これでわかる、このことからわかる

Column

声調発音のコツ

　中国語の声調（四声）の発音は、日本人学習者にとって最も悩ましい問題である。入門段階では、2声と3声の発音の区別に悪戦苦闘。中級レベルに入ると、単独の2声と3声は明らかな改善が見られるが、2声と3声が含まれる2音節、3音節の語句になると、また四苦八苦する。

　混乱が生じる原因の一つは、発音の高さが不十分であること（例えば、1声の発音が低すぎる）。もう一つは、2声の「上げる」と3声の「下げる」があいまいであること（2声が上がらず、3声が下がらないという）。さらにお手上げしているのは「4声＋3声」と「4声＋2声」の組み合わせである。

　このような四苦八苦はちょっとしたテクニックで解決できる。「4声＋3声」と「4声＋2声」の場合、前の4声を発音した後に、ほんの一瞬ポーズを入れ、そしてその後に続く声調を発音してみよう。このほんの少しのポーズが、声帯の発声状態を整えてくれる。また、後続の語彙について、3声の場合はほんのわずかに短く、2声ならほんのわずかに長く発音すると綺麗に聞こえてくる。ぜひ試してみてください。

学習ポイント

1 　于　　　CD27

1) 書面語。時間と場所を示す。…にて。…で。…に。

　　写于上海。　　　　　　Xiěyú Shànghǎi.
　　轮船失踪于海上。　　　Lúnchuán shīzōngyú hǎishang.

2) 動作の方向を示す。

　　嫁祸于人。　　　　　　Jià huò yú rén.

3) 動作の出発点を示す。…から。…によって。

　　决定于努力的程度。　　Juédìngyú nǔlì de chéngdù.

　🍀 请用"于"造句：

　　　　　　　　　　　　　　　　　　　　　　　　　　　　

2 　与

書面語。(＝和) …と。および。

　　文化与教育。　　　　　Wénhuà yǔ jiàoyù.
　　成与不成，在此一举。　Chéng yǔ bù chéng, zài cǐ yì jǔ.

　🍀 请用"与"造句：

　　　　　　　　　　　　　　　　　　　　　　　　　　　　

3 　的 (2)

「形容詞(句)＋的＋名詞」の形で名詞を修飾する。

　　美丽的国家。　　　　　Měilì de guójiā.
　　美好的理想。　　　　　Měihǎo de lǐxiǎng.
　　漂亮的女孩。　　　　　Piàoliang de nǚhái.
　　很高很大的树。　　　　Hěn gāo hěn dà de shù.
　　遥远的故乡。　　　　　Yáoyuǎn de gùxiāng.
　　快乐的大学生活。　　　Kuàilè de dàxuéshēnghuó.

　🍀 请用"的"造句：

4 即便

書面語。＝即使。よしんば。たとえ。仮に。

即便有困难，也要克服。　　Jíbiàn yǒu kùnnan, yě yào kèfú.
即便下雨，他也准备去。　　Jíbiàn xiàyǔ, tā yě zhǔnbèi qù.

 请用"即便"造句：

_____

5 给

1) 与える。やる。くれる。

   这个给你。　　Zhège gěi nǐ.

2) （物や伝達を受け取る者を導く）…に。

   给老师写电子邮件。　　Gěi lǎoshī xiě diànzǐyóujiàn.
   给她打电话。　　Gěi tā dǎ diànhuà.

3) 動作・行為の受益者を導く。…ために。…に。

   给穷人治病。　　Gěi qióngrén zhì bìng.
   给总理当翻译。　　Gěi zǒnglǐ dāng fānyì.

 请用"给"造句：

_____

6 依然

依然として、もとどおりに、そのまま

风景依然　　fēngjǐng yīrán
故乡的风景依然如故。　　Gùxiāng de fēngjǐng yīrán rú gù.
夜深了，但她依然专心学习。　　Yè shēn le, dàn tā yīrán zhuānxīn xuéxí.

 请用"依然"造句：

_____

練習問題

1 カッコに語句のピンインを書き、音読しましょう。

(1) 创始人　（　　　　　）　(7) 了解　　（　　　　　）

(2) 统治者　（　　　　　）　(8) 基础资料（　　　　　）

(3) 古典书籍（　　　　　）　(9) 传入　　（　　　　　）

(4) 对话　　（　　　　　）　(10) 朝鲜半岛（　　　　　）

(5) 论语　　（　　　　　）　(11) 明治维新（　　　　　）

(6) 记载　　（　　　　　）　(12) 工商界　（　　　　　）

2 次の文を中国語に訳しましょう。

(1) このことは皆さんと関係がある。

(2) 船は海上に消えた。

(3) 貧しい人に治療を行う。

(4) 孔子の政治主張は統治者に採用されなかった。

(5) 『論語』は日本社会に多大な影響をもたらした。

(6) 故郷の景色は昔のままである。

3 次の文を日本語に訳しましょう。

(1) 孔子为了实现自己美好的政治理想，十四年间与弟子一起游说诸国。
    答

(2) 《论语》是中国最早传入日本的书籍之一，它促进了汉字在日本的传播。
    答

(3) 即便到了今天，解读和阐释《论语》的书籍依然热卖。
    答

4 中国語でディスカッションしましょう。

(1) 《论语》记载了什么内容？
    答

(2) 《论语》的传入促进了什么？
    答

(3) 《论语》在明治维新期间，被认为是什么？
    答

(4) 你看过解读和阐释《论语》的书吗？
    答

第八课 Dì bā kè

五颜六色 Wǔyánliùsè
カラフル

人们 根据 时间 和 地点 使用 不同 的 颜色。一般
Rénmen gēnjù shíjiān hé dìdiǎn shǐyòng bùtóng de yánsè. Yìbān

日本人 喜欢 自然 的 颜色,中国人 却 喜欢 色彩鲜艳 的
Rìběnrén xǐhuan zìrán de yánsè, Zhōngguórén què xǐhuan sècǎixiānyàn de

颜色。在 节假日 的 时候,中国人 喜欢 用 红色 来 表示
yánsè. Zài jiéjiàrì de shíhou, Zhōngguórén xǐhuan yòng hóngsè lái biǎoshì

喜庆。特别是 举办 婚礼 的 时候,新娘 从头到脚
xǐqìng. Tèbiéshì jǔbàn hūnlǐ de shíhou, xīnniáng cóngtóu dàojiǎo

全身装束 是 红一色。
quánshēnzhuāngshù shì hóngyísè.

另一方面,对 中国人 来说,白色 表示 悼念,因此 葬礼
Lìngyìfāngmiàn, duì Zhōngguórén láishuō, báisè biǎoshì dàoniàn, yīncǐ zànglǐ

的 时候,一般 用 白色。当然,在 现代 的 大城市,为了
de shíhou, yìbān yòng báisè. Dāngrán, zài xiàndài de dàchéngshì, wèile

适应 世界潮流,在 举办 葬礼 的 时候,盛行 使用 黑色。
shìyìng shìjiècháoliú, zài jǔbàn zànglǐ de shíhou, shèngxíng shǐyòng hēisè.

此外,对 中国人 来说,黄色 具有 特别 的 意义,从 唐代
Cǐwài, duì Zhōngguórén láishuō, huángsè jùyǒu tèbié de yìyì, cóng Tángdài

到 清末,只有 皇帝 才能 穿上 金光 闪闪 的 黄袍,
dào Qīngmò, zhǐyǒu huángdì cáinéng chuānshang jīnguāng shǎnshǎn de huángpáo,

一般民众 禁止 使用 黄色。
yìbānmínzhòng jìnzhǐ shǐyòng huángsè.

在现代,随着 时代 的 发展 和 民主思想 的 普及,
Zàixiàndài, suízhe shídài de fāzhǎn hé mínzhǔsīxiǎng de pǔjí,

黄颜色 的 特别意义 也 逐渐消失。现代人 可以 随心所欲 地
huángyánsè de tèbiéyìyì yě zhújiànxiāoshī. Xiàndàirén kěyǐ suíxīnsuǒyù de

选择 自己 喜欢 的 颜色,真是 难得。
xuǎnzé zìjǐ xǐhuan de yánsè, zhēnshì nándé.

語句

颜色	yánsè	色
却	què	…のに、にもかかわらず
鲜艳	xiānyàn	鮮やか、あでやかで美しい
节假日	jiéjiàrì	祝祭日
红色	hóngsè	赤色
喜庆	xǐqìng	慶事
举办	jǔbàn	行う、始める、催す
新娘	xīnniáng	花嫁
从头到脚	cóngtóu dàojiǎo	頭から足まで
红一色	hóngyísè	赤ずくめ、赤一色
另一方面	lìngyìfāngmiàn	また一方
悼念	dàoniàn	（死者を）追憶し、悼み悲しむ
葬礼	zànglǐ	葬式
适应	shìyìng	適応する、順応する、添う
盛行	shèngxíng	盛んである、盛んに
金光闪闪	jīnguāng shǎnshǎn	黄金色に輝く
袍	páo	（中国式の）長衣
随心所欲	suíxīnsuǒyù	ほしいままにふるまう、思いのままにする
选择	xuǎnzé	選択、選ぶ
难得	nándé	ありがたい、貴重である、珍しい

Column

— 中国語のリズム —

　中国語のリズムは一般的に「話す速さ」、「ポーズ」、「アクセント」と関連している。中級内容になるとテキストの本文は主に説明文になったりしているため、全体の語調は緩やかであり、高低の起伏が小さいという特徴がある。

　この類いの文章を音読する際、とりわけその速さをコントロールしなければならない。よく知っている語句になると音読のスピードが速くなったり、わからない語句に出くわすと、急につかえたり止まったりすることは好ましくない。

　それから、句読点があるところでは自発的にポーズを取らなければならない。特に、読点と句点ではポーズの長さが違うことを認識する必要がある。また、句読点が少ない長い文章に出会う時は、本文の録音を聞くことを強く勧める。録音に収録されている音読の通りに、文中のポーズの位置を書き留めると無難である。

　アクセントに関しては、一般的に主語、述語部分にアクセントを置く必要があり、"的""得""地"構造に後続する語句にもアクセントを置く必要がある。軽声は軽く読まなければならないが、疑問語気助詞は例外である。また、複数の軽声が続く場合は、文末にある最後の軽声を軽く読めばいいと思われる。

学習ポイント

1 根据

…によれば。…に基づいて。

根据气象台的预报，明天会下雨。　Gēnjù qìxiàngtái de yùbào, míngtiān huì xiàyǔ.
根据同名小说改编的电影。　Gēnjù tóngmíng xiǎoshuō gǎibiān de diànyǐng.

🍀 请用"根据"造句：

_____

2 特别是

慣用句。「特別是＋名詞」又は「特別是＋動詞句・主述句」の形で、同類の事物の中からある一つを取り出して説明を加える。

特别是他身体很差，经常感冒。　Tèbiéshì tā shēntǐ hěn chà, jīngcháng gǎnmào.
特别是日本，地震很多。　Tèbiéshì Rìběn, dìzhèn hěn duō.

🍀 请用"特别是"造句：

_____

3 却

（話し手の予想や通常の道理に反するとき）…のに。かえって。にもかかわらず。ところが。

好看却不好吃。　Hǎokàn què bù hǎochī.
文章很短却很有说服力。　Wénzhāng hěn duǎn què hěn yǒu shuōfúlì.

🍀 请用"却"造句：

_____

4 用…来

慣用句。連動文の前の句の動詞として用い、後の句の動詞(句)が表す動作・行為の道具・材料・手段・方法を表す。「…を用いて…をする」という意味。"来"が省略される場合もある

用汉语来写信。　Yòng Hànyǔ lái xiěxìn.
用电脑来学习。　Yòng diànnǎo lái xuéxí.
用法律来治理国家。　Yòng fǎlǜ lái zhìlǐ guójiā.

🍀 请用"用…来"造句：

_____

5 只有

慣用句。ただ…だけが…だ。只有＋名詞の形。

只有这本书我没有看过。　　Zhǐyǒu zhè běn shū wǒ méiyǒu kànguo.
只有他最了解中国。　　　　Zhíyǒu tā zuì liǎojiě Zhōngguó.

🍀 请用"只有"造句：

6 只有…才能

慣用句。…してこそ初めて…だ。…でなければ…できない。

只有改变以前的做法才能成功。　Zhǐyǒu gǎibiàn yǐqián de zuòfǎ cáinéng chénggōng.
只有她才能取得上司的信赖。　　Zhǐyǒu tā cáinéng qǔdé shàngsi de xìnlài.

🍀 请用"只有…才能"造句：

7 难得

1) 得難い。珍しい。貴重である。

这是非常难得的历史资料。　　Zhè shì fēicháng nándé de lìshǐ zīliào.
她拿了六枚金牌，十分难得。　Tā nále liù méi jīnpái, shífēn nándé.

2) （…する機会が）めったにない。

我一个月难得看一次电影。　　Wǒ yígeyuè nándé kàn yícì diànyǐng.
我们难得见面，你多住几天吧。　Wǒmen nándé jiànmiàn, nǐ duō zhù jǐ tiān ba.
在我老家，冬天难得下雪。　　Zài wǒ lǎojiā, dōngtiān nándé xiàxuě.

🍀 请用"难得"造句：

練習問題

1 カッコに語句のピンインを書き、音読しましょう。

(1) 颜色　　（　　　　　　）　　(6) 黑色　　（　　　　　　）

(2) 色彩鲜艳（　　　　　　）　　(7) 黄色　　（　　　　　　）

(3) 节假日　（　　　　　　）　　(8) 金光闪闪（　　　　　　）

(4) 从头到脚（　　　　　　）　　(9) 随心所欲（　　　　　　）

(5) 红色　　（　　　　　　）　　(10) 选择　　（　　　　　　）

2 次の語句の順番を置き換え、文を完成させ、さらに訳しましょう。

(1) 努力　学习　才能　好成绩　只有　取得

　　　　　　　　　　　　　　　　　　　　　　訳

(2) 喜欢　特别　米饭　吃　他

　　　　　　　　　　　　　　　　　　　　　　訳

3 最も適切な語を選び空欄を埋め、文を完成させ、さらに訳しましょう。

　　　让　把　难得　也

(1) 铃木会说汉语，木村（　　　　　）会说汉语。

　　訳

(2) 她（　　　　　）我在公园等了一个小时。

　　訳

(3) 天气太热，（　　　　　）空调打开吧。　　＊空调→クーラー　打开→つける

　　訳

(4) 这是一份十分（　　　　　）的历史资料。　　＊一份→一部

　　訳

4 次の文を中国語に訳しましょう。

(1) 天気予報によると、明日は雨が降るらしい。

(2) 財政の支出は節約の原則に基づく。

(3) とりわけ、日本は地震が多い。

(4) この本だけは読んだことがない。

(5) 昔のやり方を変えないと成功できない。

5 中国語でディスカッションしましょう。

(1) 日本人喜欢什么样的颜色？

答

(2) 中国人喜欢什么样的颜色？

答

(3) 对于中国人来说，红色表示什么？

答

(4) 对于中国人来说，白色表示什么？

答

(5) 你喜欢什么颜色？为什么呢？

答

第九课 Dì jiǔ kè

少数民族 少数民族
Shǎoshùmínzú

世界上 有 很 多 国家 都 属于 多民族国家。在这些
Shìjièshang yǒu hěn duō guójiā dōu shǔyú duōmínzúguójiā. Zàizhèxiē
国家里， 少数民族 一般 都 处于 社会 的 边缘 和 被支配
guójiāli, shǎoshùmínzú yìbān dōu chǔyú shèhuì de biānyuán hé bèizhīpèi
地位。少数民族 的 "少" 并不是 指 人口数量 真的 很 少，
dìwèi. Shǎoshùmínzú de "shǎo" bìngbúshì zhǐ rénkǒushùliàng zhēnde hěn shǎo,
而是 相对于 多数民族 的 人口数量 来说， 是 属于 "少"
érshì xiāngduìyú duōshùmínzú de rénkǒushùliàng láishuō, shì shǔyú "shǎo"
的。少数民族 拥有 自己 的 历史、文化 和 语言，但是
de. Shǎoshùmínzú yōngyǒu zìjǐ de lìshǐ、wénhuà hé yǔyán, dànshì
由于 影响力 不 强，所以 容易受到 强势民族 的 同化，
yóuyú yǐngxiǎnglì bù qiáng, suǒyǐ róngyìshòudào qiángshìmínzú de tónghuà,
弱化了 自己 民族 的 特色。这 也 是 许多 少数民族
ruòhuàle zìjǐ mínzú de tèsè. Zhè yě shì xǔduō shǎoshùmínzú
不得不 面对 的 现实。
bùdébù miànduì de xiànshí.

中国 也 是 一个 多民族国家，中国政府 对 少数民族
Zhōngguó yě shì yíge duōmínzúguójiā, Zhōngguózhèngfǔ duì shǎoshùmínzú
采取 民族区域自治 的 政策， 提倡 民族平等、团结 和
cǎiqǔ mínzúqūyùzìzhì de zhèngcè, tíchàng mínzúpíngděng、tuánjié hé
共同繁荣。 在中国，包括汉族在内， 一般公认 有 五十六个
gòngtóngfánróng. ZàiZhōngguó, bāokuòHànzúzàinèi, yìbāngōngrèn yǒu wǔshíliùge
民族， 也就是说， 除了 汉族 以外， 还有 五十五个
mínzú, yějiùshìshuō, chúle Hànzú yǐwài, háiyǒu wǔshiwǔge
少数民族。 在 法律上， 少数民族 拥有 维持 各自 语言、
shǎoshùmínzú. Zài fǎlùshang, shǎoshùmínzú yōngyǒu wéichí gèzì yǔyán、
文化、风俗习惯 和 宗教信仰 的 权利。过去，中国政府 对
wénhuà、fēngsúxíguàn hé zōngjiàoxìnyǎng de quánlì. Guòqù, Zhōngguózhèngfǔ duì
一千万人口 以下 的 少数民族 不 提倡 实施 独生子女
yìqiānwànrénkǒu yǐxià de shǎoshùmínzú bù tíchàng shíshī dúshēngzǐnǚ

政策。另外，对 少数民族子女 的 升学 和 公务员考试 等，
zhèngcè. Lìngwài, duì shǎoshùmínzúzǐnǚ de shēngxué hé gōngwùyuánkǎoshì děng,

一般 都 采取"加分"或"降线"的 优待政策。
yìbān dōu cǎiqǔ "jiāfēn" huò "jiàngxiàn" de yōudàizhèngcè.

中国政府 一直 在调整 汉族地区 和 少数民族地区
Zhōngguózhèngfǔ yìzhí zàitiáozhěng Hànzúdìqū hé shǎoshùmínzúdìqū

经济发展 的 不平衡，努力 地 缩小 各民族之间 存在 的
jīngjìfāzhǎn de bùpínghéng, nǔlì de suōxiǎo gèmínzúzhījiān cúnzài de

经济 差距。另外，北京、上海、武汉 和 广州 等地，
jīngjì chājù. Lìngwài, Běijīng、Shànghǎi、Wǔhàn hé Guǎngzhōu děngdì,

少数民族 人口增长 快于 汉族，同时，民族间 的 通婚
shǎoshùmínzú rénkǒuzēngzhǎng kuàiyú Hànzú, tóngshí, mínzújiān de tōnghūn

也 越来越 多，民族 融合 的 趋势 也 越来越 明显。
yě yuèláiyuè duō, mínzú rónghé de qūshì yě yuèláiyuè míngxiǎn.

語句

CD34

处于	chǔyú	…に置かれている
边缘	biānyuán	周辺部
真的	zhēnde	真に、本当に
相对于…来说	xiāngduìyú…láishuō	相対的…に対して…
但是	dànshì	しかし
强势	qiángshì	優勢
弱化	ruòhuà	弱体化
不得不	bùdébù	せざるを得ない
面对	miànduì	直面する
过去	guòqù	かつて、以前
独生子女	dúshēngzǐnǚ	一人っ子
升学	shēngxué	進学
加分	jiāfēn	加点
降线	jiàngxiàn	合格ラインを下げる
差距	chājù	格差、へだたり、ひらき
快于	kuàiyú	…より速い
通婚	tōnghūn	婚姻を結ぶ
明显	míngxiǎn	はっきりしている、明らかである

学習ポイント

1 不是…而是

慣用句。…ではなく…だ

他想的不是自己而是集体。　　Tā xiǎng de bú shì zìjǐ érshì jítǐ.
我喜欢的不是潜水，而是游泳。　Wǒ xǐhuan de bú shì qiánshuǐ, érshì yóuyǒng.

🍀 请用"不是…而是"造句：

_____

2 不得不

慣用表現。やむを得ず…する。…せざるを得ない。

我并不想去，但是不得不去。　　Wǒ bìng bù xiǎng qù, dànshì bùdébú qù.
很多规则我们不得不遵守。　　　Hěn duō guīzé wǒmen bùdébù zūnshǒu.

🍀 请用"不得不"造句：

_____

3 也就是说

言い替えれば。それはつまり。つまるところ。

我明天去东京，也就是说不能参加比赛。
Wǒ míngtiān qù Dōngjīng, yějiùshìshuō bù néng cānjiā bǐsài.

"放任自流"，也就是说什么都不管。
Fàngrèn zìliú, yějiùshìshuō shénme dōu bù guǎn.

🍀 请用"也就是说"造句：

_____

4 拥有

書面語。（土地・人口・財産などを）擁する、持つ

日本拥有巨大的森林资源。　Rìběn yōngyǒu jùdà de sēnlín zīyuán.
人类不应该拥有核武器。　　Rénlèi bù yīnggāi yōngyǒu héwǔqì.
日本拥有一亿多人口。　　　Rìběn yōngyǒu yíyì duō rénkǒu.

🍀 请用"拥有"造句：

5 一直

ずっと。一貫して。絶え間なく。動作・状態が持続して変わらないことを表す。

她一直在公园等你呢。　　Tā yìzhí zài gōngyuán děng nǐ ne.
我一直在想怎么跟他联系。　Wǒ yìzhí zài xiǎng zěnme gēn tā liánxì.

🍀 请用"一直"造句：

6 快于

書面語。…より速い。

大城市的人口增长速度快于小城市。
Dàchéngshì de rénkǒu zēngzhǎng sùdù kuàiyú xiǎochéngshì.

新干线的车速远远快于一般电车。
Xīngànxiàn de chēsù yuǎnyuǎn kuàiyú yìbān diànchē.

🍀 请用"快于"造句：

7 越来越…

ますます〜。程度が時間の推移とともに高まることを表す。

她越来越漂亮。　　　　　Tā yuèláiyuè piàoliang.
你的汉语说得越来越好。　Nǐ de Hànyǔ shuōde yuèláiyuè hǎo.

在国际社会中发挥越来越大的作用。
Zài guójì shèhuìzhōng fāhuī yuèláiyuè dà de zuòyòng.

🍀 请用"越来越…"造句：

練習問題

1 カッコに語句のピンインを書き、音読しましょう。

(1) 社会地位 （　　　　　）　(5) 公认 （　　　　　）

(2) 少数民族 （　　　　　）　(6) 法律上 （　　　　　）

(3) 影响力 （　　　　　）　(7) 风俗习惯 （　　　　　）

(4) 民族平等 （　　　　　）　(8) 宗教信仰 （　　　　　）

2 日本語の意味に合うように次の語句を正しい語順に並べ替えましょう。

(1) これは多くの少数民族が直面せざるを得ない現実である。
现实　不得不　这　是　也　许多　少数民族　面对　的

(2) 各民族間に存在している経済格差を縮める。
经济　存在　各民族之间　差距　缩短　的

(3) 新幹線のスピードは一般の電車よりはるかに速い。
新干线　远远　电车　一般　快于　车速　的

(4) 民族融合の趨勢もますます強くなってきた。
越来越　民族　也　的　趋势　融合　强

(5) 人類は核兵器を持つべきではない。
拥有　应该　核武器　不　人类

3 本文を参考にして次の文を中国語に訳しましょう。

(1) 少数民族は独自の歴史や文化を持っている。

(2) これは直面せざるを得ない現実である。

(3) 中国政府は一貫して民族自治の政策を実施している。

(4) 中国では、漢民族を含め、五十六の民族があると公認されている。

(5) 少数民族には、独自の言語、文化、宗教と信仰を維持する権利がある。

(6) 地域間の経済格差をなくす努力を続けている。

4 中国語でディスカッションしましょう。

(1) 在多民族国家里，少数民族的地位怎么样？

答

(2) 少数民族不得不面对的现实是什么？

答

(3) 中国有多少个民族？

答

(4) 中国政府一直在做什么？

答

第十课 访日的中国观光客

FǎngRì de Zhōngguó guānguāngkè

访日中国人観光客

过去，很多中国人不能自由地迈出国门，到世界各地观光或留学。现在，随着中国综合国力的提升，走出国门变得非常容易了。日本是离中国较近的国家，越来越多的中国人把日本作为旅游和留学的目的地。近几年，"爆买团"几乎成了中国观光客的代名词。其实"爆买"行为不仅仅只发生在日本，只要有中国观光客的地方就一定会出现这样的行为。

"爆买"的原因主要与中国人的性格和价值观念有关，"爆买"来的商品，大多作为礼品送给了亲戚朋友或者应付社会关系，真正留给自己用的并不多。

那么，来日本旅游观光的理由是什么？中国观光客给出了以下答复：第一，城市、乡村都非常整洁。第二，服务行业能让顾客感受到诚意。第三，社会井然有序，到处都可以看到主动排队和互相谦让的行为。第四，空气和水让人觉得舒服安心。第五，富士山让人叹为观止。第六，日本菜的色香味搭配

和 对食材 的 讲究，让 人 眼界大开。第七，虽然 中国国内 也
hé duìshícái de jiǎngjiu, ràng rén yǎnjiè dàkāi. Dìqī, suīrán Zhōngguóguónèi yě

有 樱花，但是 赏樱花 还是 要 到 日本 去。第八，穿着
yǒu yīnghuā, dànshì shǎngyīnghuā háishi yào dào Rìběn qù. Dìbā, chuānzhe

和服 的 日本女性 很 有 情调，这种 对 传统文化 的
Héfú de Rìběnnǚxìng hěn yǒu qíngdiào, zhèzhǒng duì chuántǒngwénhuà de

延续行为 值得 学习。第九，各地 独具特色 的 温泉，水质好、
yánxùxíngwéi zhíde xuéxí. Dìjiǔ, gèdì dújùtèsè de wēnquán, shuǐzhìhǎo,

环境美。第十，与 中国国内 相比，日本商品 物美价廉，
huánjìngměi. Dìshí, yǔ Zhōngguóguónèi xiāngbǐ, Rìběnshāngpǐn wùměijiàlián,

品质过硬。
pǐnzhìguòyìng.

语句

□ 迈出	màichū	またぐ
□ 提升	tíshēng	改善、上昇
□ 变得	biànde	…になる
□ 几乎	jīhū	ほとんど、ほぼ
□ 价值观念	jiàzhíguānniàn	価値観
□ 应付	yìngfu	対応する
□ 留给	liúgěi	…に残す
□ 答复	dáfù	返答、返事
□ 乡村	xiāngcūn	田舎、山村
□ 服务行业	fúwùhángyè	サービス業
□ 感受到	gǎnshòudào	感じ取る
□ 主动	zhǔdòng	自発的
□ 谦让	qiānràng	遠慮する、譲る
□ 觉得	juéde	～に感じる、～思う
□ 舒服	shūfu	心地よい
□ 叹为观止	tànwéiguānzhǐ	しきりに感心する
□ 搭配	dāpèi	組合せ
□ 讲究	jiǎngjiu	こだわり
□ 眼界大开	yǎnjiè dàkāi	大いに見聞を広める
□ 延续	yánxù	引き継ぐ、継承する
□ 品质过硬	pǐnzhìguòyìng	品質が優れるというたとえ

学習ポイント

1 把…作为

慣用表現。…を…として（みなす）

把冲绳作为这次旅游的终点。
Bǎ Chōngshéng zuòwéi zhècì lǚyóu de zhōngdiǎn.

把这句话作为座右铭。
Bǎ zhè jù huà zuòwéi zuòyòumíng.

请用"把…作为"造句：

---

2 不仅仅

慣用表現。…だけではなく（ある数量や範囲を超えた強調表現）。＝不仅

我想去的不仅仅是日本，我还想周游世界。
Wǒ xiǎng qù de bùjǐnjǐn shì Rìběn, wǒ hái xiǎng zhōuyóu shìjiè.

作业不仅仅只有这些，还有报告要写。
Zuòyè bùjǐnjǐn zhǐ yǒu zhèxiē, háiyǒu bàogào yào xiě.

请用"不仅仅"造句：

---

3 与…有关

慣用表現。…と関連がある。…と関係がある。

这与国际法有关。　　　　Zhè yǔ guójìfǎ yǒuguān.
人的性格与家庭环境有关。　Rén de xìnggé yǔ jiātíng huánjìng yǒuguān.

请用"与…有关"造句：

---

4 虽然…但是…

（一方を事実と認めながらも、同時に他方も成立することを認める）〜ではあるけれども

虽然我很想去，但是没钱去。
Suīrán wǒ hěn xiǎng qù, dànshì méi qián qù.　　＊没钱去→行くお金がない

虽然高级车很有魅力，但是太贵买不起。
Suīrán gāojíchē hěn yǒu mèilì, dànshì tài guì mǎibuqǐ.　＊买不起→買えない

🍀 请用"虽然…但是…"造句：
_____

5 还是

1) 依然として。相変わらず。もとのまま。

　　她还是那么漂亮。　　　　　　Tā háishi nàme piàoliang.
　　虽然很难，但是还是成功了。　Suīrán hěn nán, dànshì háishi chénggōng le.

2) それとも

　　他上午来，还是下午来？　　　Tā shàngwǔ lái, háishi xiàwù lái?
　　你学汉语还是法语？　　　　　Nǐ xué Hànyǔ háishi Fǎyǔ?

🍀 请用"还是"造句：
_____

6 值得

…に値する。

　　又好又便宜，值得买。　　　　Yòu hǎo yòu piányi, zhíde mǎi.
　　这个课题值得研究。　　　　　Zhè ge kètí zhíde yánjiū.

🍀 请用"值得"造句：
_____

7 与…相比

慣用表現。…に比べて

　　与中国相比，日本面积小多了。
　　Yǔ Zhōngguó xiāng bǐ, Rìběn miànjī xiǎo duō le.
　　与新干线相比，一般电车显得很慢。
　　Yǔ xīngànxiàn xiāng bǐ, yìbān diànchē xiǎnde hěn màn.

🍀 请用"与…相比"造句：

練習問題

1 カッコ内に語句のピンインを書き、音読しましょう。

(1) 综合国力 （　　　　　）　(7) 互相谦让 （　　　　　）

(2) 价值观念 （　　　　　）　(8) 舒服安心 （　　　　　）

(3) 亲戚朋友 （　　　　　）　(9) 眼界大开 （　　　　　）

(4) 自己用 （　　　　　）　(10) 值得学习 （　　　　　）

(5) 旅游观光 （　　　　　）　(11) 独具特色 （　　　　　）

(6) 服务行业 （　　　　　）　(12) 价廉物美 （　　　　　）

2 日本語の意味に合うように次の語句を正しい語順に並べ替えましょう。

(1) 中国は多民族国家である。
多民族　国家　是　中国

(2) 一昔前、多くの中国人は自由に国境を跨ぐ（自由に海外に行く）ことができない。
很多　能　迈出　不　国门　自由地　中国人　从前

(3) サービス業は顧客に誠意を感じさせることができる。
能　顾客　感受到　诚意　服务行业　让

(4) 中国人観光客がいるところでは、よくこういう現象が起こる。
有　现象　中国观光客　的　地方　就　经常　这种　只要　出现

64

3 本文を参考にして次の文を中国語に訳しましょう。

(1) 一昔前、中国人は自由に海外に行けなかった。

(2) 爆買いは日本だけで起きた現象ではない。

(3) これは主に中国人の性格と価値観と関連している。

(4) 自分用に残したものは多くない。

4 中国語でディスカッションしましょう。

(1) 现在为什么中国人走出国门变得容易了？
答

(2) 中国人为什么喜欢来日本？
答

(3) "爆买"的原因是什么？
答

(4) 日本文化表现在哪些方面？
答

第十一课 Dì shíyī kè

汽车大国 Qìchēdàguó
自動車大国

CD41

日本 是 汽车生产 大国, 同时 也 是 汽车使用 大国。
Rìběn shì qìchēshēngchǎn dàguó, tóngshí yě shì qìchēshǐyòng dàguó.

丰田、日产、本田、马自达 都 是 世界知名 的 汽车 厂商。
Fēngtián、Rìchǎn、Běntián、Mǎzìdá dōu shì shìjièzhīmíng de qìchē chǎngshāng.

这些 厂商 在 日本国内 有 先进 的 技术 研发 部门,
Zhèxiē chǎngshāng zài Rìběnguónèi yǒu xiānjìn de jìshù yánfā bùmén,

在海外 有 庞大 的 生产销售网络。 经过 几十年 的
zàihǎiwài yǒu pángdà de shēngchǎnxiāoshòuwǎngluò. Jīngguò Jǐshínián de

发展, 日本 的 汽车实力 已经 接近 甚至 超过了 德国 和
fāzhǎn, Rìběn de qìchēshílì yǐjīng jiējìn shènzhì chāoguòle Déguó hé

美国 这样 的 老牌 汽车大国, 真是 让 人 叹为观止。
Měiguó zhèyàng de lǎopái qìchēdàguó, zhēnshi ràng rén tànwéiguānzhǐ.

现代汽车 根据 燃料 的 不同, 大概 分为 三类。第一类
Xiàndàiqìchē gēnjù ránliào de bùtóng, dàgài fēnwéi sānlèi. Dìyīlèi

是 使用 传统能源 的 汽油车、柴油车。第二类 是 使用
shì shǐyòng chuántǒngnéngyuán de qìyóuchē、cháiyóuchē. Dì'èrlèi shì shǐ yòng

汽油 搭配 燃料电池 的 混合动力车。第三类 是 使用 电池
qìyóu dāpèi ránliàodiànchí de hùnhédònglìchē. Dìsānlèi shì shǐyòng diànchí

的 电能车。
de diànnéngchē.

在日本, 根据 排气量 的 不同, 第一类车 又 分为
ZàiRìběn, gēnjù páiqìliàng de bùtóng, dìyīlèichē yòu fēnwéi

普通自动车 和 轻自动车。普通自动车 的 车牌 是 白色 的,
pǔtōngzìdòngchē hé qīngzìdòngchē. Pǔtōngzìdòngchē de chēpái shì báisè de,

轻自动车 的 车牌 是 黄色 的。轻自动车 由于 廉价、省油、
qīngzìdòngchē de chēpái shì huángsè de. Qīngzìdòngchē yóuyú liánjià、shěngyóu、

税低, 所以 受到 很多 学生族、主妇 和 老年人 的 欢迎。
shuìdī, suǒyǐ shòudào hěnduō xuéshēngzú、zhǔfù hé lǎoniánrén de huānyíng.

近几年, 日本 在 新能源技术 方面 投入了 大量 的
Jìnjǐnián, Rìběn zài xīnnéngyuánjìshù fāngmiàn tóurùle dàliàng de

人力物力, 开发出了 使用 纯电能 的 新型汽车。虽然
rénlìwùlì, kāifāchūle shǐyòng chúndiànnéng de xīnxíngqìchē. Suīrán

这种车 的 造价高、车型 单一，但是 由于 使用 无污染 的
zhèzhǒngchē de zàojiàgāo、chēxíng dānyī, dànshì yóuyú shǐyòng wúwūrǎn de

电能，因此 在普及方面 得到了 政府 的 大力支持。
diànnéng, yīncǐ zàipǔjífāngmiàn dédàole zhèngfǔ de dàlìzhīchí.

　　中国 是 汽车使用大国， 在中国 的 公路上， 可以
Zhōngguó shì qìchēshǐyòngdàguó, zàiZhōngguó de gōnglùshang, kěyǐ

看到 来自 世界 各国 的 汽车。其中 日本车、德国车 和
kàndào láizì shìjiè gèguó de qìchē. Qízhōng Rìběnchē、Déguóchē hé

韩国车 非常 多。目前， 中国汽车 厂商 也 在 新能源汽车
Hánguóchē fēicháng duō. Mùqián, Zhōngguóqìchē chǎngshāng yě zài xīnnéngyuánqìchē

方面 进行着 技术探索，期待 日中 两国 可以 在 这方面
fāngmiàn jìnxíngzhe jìshùtànsuǒ, qīdài Rì-Zhōng liǎngguó kěyǐ zài zhèfāngmiàn

逐渐 展开 新 的 合作。
zhújiàn zhǎnkāi xīn de hézuò.

語句 CD42

- 汽车　　　　　qìchē　　　　　　自動車
- 厂商　　　　　chǎngshāng　　　メーカー
- 销售　　　　　xiāoshòu　　　　販売
- 老牌　　　　　lǎopái　　　　　ブランド
- 分为　　　　　fēnwéi　　　　　…に分ける
- 能源　　　　　néngyuán　　　　エネルギー
- 汽油　　　　　qìyóu　　　　　　ガソリン
- 柴油　　　　　cháiyóu　　　　　軽油
- 混合动力车　　hùnhédònglìchē　ハイブリッド車
- 电能车　　　　diànnéngchē　　　電気自動車
- 车牌　　　　　chēpái　　　　　ナンバープレート
- 省油　　　　　shěngyóu　　　　省エネルギー
- 老年人　　　　lǎoniánrén　　　高齢者
- 造价　　　　　zàojià　　　　　コスト
- 无污染　　　　wúwūrǎn　　　　クリーンな
- 来自　　　　　láizì　　　　　…から来る
- 进行　　　　　jìnxíng　　　　　行う
- 合作　　　　　hézuò　　　　　提携、協力

学習ポイント

1 经过

…を経て。…を通じて。…した結果。

经过多年的努力，他终于成功了。
Jīngguò duō nián de nǔlì, tā zhōngyú chénggōng le.

经过训练，我学会了蝶泳。
Jīngguò xùnliàn, wǒ xuéhuìle diéyǒng.

经过调查，警察了解了事情的真相。
Jīngguò diàochá, jǐngchá liǎojiěle shìqíng de zhēnxiàng.

请用"经过"造句：

2 甚至

…さえ。…すら。際立った事例を強調する。

甚至好几天不吃饭。
Shènzhì hǎojǐtiān bù chīfàn.

甚至有人出卖企业的情报。
Shènzhì yǒurén chūmài qǐyè de qíngbào.

参加晚会的人很多，甚至一些平常不出门的也来了。
Cānjiā wǎnhuì de rén hěn duō, shènzhì yìxiē píngcháng bù chūmén de yě lái le.

请用"甚至"造句：

3 受到

受ける。

他多次受到指责。
Tā duōcì shòudào zhǐzé.

因为业绩好，他受到了表彰。
Yīnwèi yèjì hǎo, tā shòudàole biǎozhāng.

超市送菜上门，受到主妇们的欢迎。
Chāoshì sòngcài shàngmén, shòudào zhǔfùmen de huānyíng.

请用"受到"造句：

4 因此

それゆえ。それで。そこで。したがって。

临行匆忙，因此来不及通知大家。
Línxíng cōngmáng, yīncǐ láibují tōngzhī dàjiā.

这里景色优美，因此游人很多。
Zhèli jǐngsè yōuměi, yīncǐ yóurén hěn duō.

最近一直下暴雨，因此很多人决定取消旅游。
Zuìjìn yìzhí xià bàoyǔ, yīncǐ hěn duō rén juédìng qǔxiāo lǚyóu.

请用"因此"造句：

5 逐渐

書面語。（少しずつ順を追って進むことを表す）次第に。だんだんと。

他的病情逐渐好转了。　　　　Tā de bìngqíng zhújiàn hǎozhuǎn le.
来的人逐渐多了。　　　　　　Lái de rén zhújiàn duō le.
我的心情也逐渐平静下来了。　Wǒ de xīnqíng yě zhújiàn píngjìng xiàlai le.

请用"逐渐"造句：

6 期待

期待（する）。待ち望む。

大家都对他抱着很大的期待。　Dàjiā dōu duì tā bàozhe hěn dà de qīdài.
期待已久的日子终于来临了。　Qīdàiyǐjiǔ de rìzi zhōngyú láilín le.
期待妈妈能早日出院。　　　　Qīdài māma néng zǎorì chūyuàn.

请用"期待"造句：

練習問題

1 カッコに語句のピンインを書き、音読しましょう。

(1) 汽车大国　（　　　　　　）　(7) 电能车　　（　　　　　　）

(2) 销售网络　（　　　　　　）　(8) 人力物力（　　　　　　）

(3) 汽油车　　（　　　　　　）　(9) 造价高　　（　　　　　　）

(4) 柴油车　　（　　　　　　）　(10) 无污染　　（　　　　　　）

(5) 燃料电池　（　　　　　　）　(11) 大力支持（　　　　　　）

(6) 混合动力车（　　　　　　）　(12) 展开合作（　　　　　　）

2 次の語群から最も適当な語句を選び、文を完成させ、さらに訳しましょう。

> 已经　根据　甚至
> 由于　在　分成　庞大的　因此

(1) （　　　　）海外，有（　　　　）生产销售网络。

　　訳

(2) 日本的汽车实力（　　　　）接近（　　　　）超过了老牌汽车大国。

　　訳

(3) 现代汽车（　　　　）燃料的不同，大概（　　　　）三类。

　　訳

(4) （　　　　）使用了无污染的电能，（　　　　）在普及方面，得到了政府的支持。

　　訳

3 本文を参考にして次の文を中国語に訳しましょう。

(1) 海外に膨大な生産販売網を構築している。

(2) 燃料によって分類されている。

(3) ガソリンを使用する車が多い。

(4) 安価と省エネによって学生や主婦層に好まれる。

4 中国語でディスカッションしましょう。

(1) 日本的著名的汽车企业有哪些？
　　答

(2) 日本汽车企业的实力怎么样？
　　答

(3) 汽车一般分为哪三类？
　　答

(4) 在日本，汽车被分为哪两类？
　　答

(5) 日本政府在大力支持什么样的汽车？
　　答

(6) 将来，你打算购买什么样的汽车？
　　答

第十二课 国际化人才 グローバル人材

"国际化人才"是指能够在全球化的竞争中抓住机遇的高级人才,应该具有以下七个特点。第一,具有宽广的视野和创新意识。第二,对自己的专业在全球的发展状况有比较全面的了解。第三,熟悉国际惯例和国际法。第四,具有较强的跨文化沟通能力。第五,具备海外独立生活能力。第六,具备信息处理能力。第七,身心健康,有良好的心理素质。

这七点,都不是短期内通过某一节课,听某位专家的演讲,或者接受某种特殊的教育就可以实现的,每一点都需要投入大量的时间和金钱,通过长期的学习和实践活动才能完成。另外,"国际化人才"对外语能力有非常高的要求,不仅要熟练掌握多门外语,而且还要运用这些外语在海外生活和工作,寻找自己的立足之地。可以这么说,掌握的外语越多,国际适应性就越强。外语水平越高,社会地位就

越 高，处理问题 的 方法 也 就 越 多。
yuè gāo, chǔlǐwèntí de fāngfǎ yě jiù yuè duō.

有时候，我们 容易 把"外语能力"等同于"英语能力"，
Yǒushíhou, wǒmen róngyì bǎ "wàiyǔnénglì" děngtóngyú "Yīngyǔnénglì",

认为 只要 会了 英语 就 万事大吉，这种 想法 比较片面。
rènwéi zhǐyào huìle Yīngyǔ jiù wànshìdàjí, zhèzhǒng xiǎngfǎ bǐjiàopiànmiàn.

英语 很 重要，但是 只 会 英语，还是 远远 不 够 的。
Yīngyǔ hěn zhòngyào, dànshì zhǐ huì Yīngyǔ, háishi yuǎnyuǎn bú gòu de.

因为 世界上 绝大部分 的 国家 都不是 英语国家。如果
Yīnwèi shìjièshang juédàbùfen de guójiā dōubúshì Yīngyǔ guójiā. Rúguǒ

想要 了解 中国文化，理解 中国人 的 思维，处理好 与
xiǎngyào liǎojiě Zhōngguówénhuà, lǐjiě Zhōngguórén de sīwéi, chǔlǐhǎo yǔ

中国 有关 的 问题，学好汉语 一 定 是 捷径。
Zhōngguó yǒuguān de wèntí, xuéhǎoHànyǔ yídìng shì jiéjìng.

語句 CD46

- 指　　　　　　zhǐ　　　　　　　　指す
- 全球化　　　　quánqiúhuà　　　　グローバル化
- 抓住　　　　　zhuāzhù　　　　　　掴む
- 机遇　　　　　jīyù　　　　　　　　機会、チャンス
- 宽广　　　　　kuānguǎng　　　　　広い
- 创新　　　　　chuàngxīn　　　　　新しいものを創り出す
- 较强的　　　　jiàoqiáng de　　　　比較的に強い
- 跨文化　　　　kuà wénhuà　　　　異文化
- 沟通　　　　　gōutōng　　　　　　疎通する
- 掌握　　　　　zhǎngwò　　　　　　身につける
- 寻找　　　　　xúnzhǎo　　　　　　探す
- 立足之地　　　lìzúzhīdì　　　　　　足場、立脚地
- 可以这么说　　kěyǐ zhème shuō　　～と言える
- 等同于　　　　děngtóngyú　　　　～に同じである
- 万事大吉　　　wànshìdàjí　　　　万事めでたし
- 想法　　　　　xiǎngfǎ　　　　　　考え方
- 片面　　　　　piànmiàn　　　　　一面的、偏っている、全面的でない
- 远远不够　　　yuǎnyuǎn bú gòu　　はるかに足りない
- 思维　　　　　sīwéi　　　　　　　考え方、思考
- 捷径　　　　　jiéjìng　　　　　　近道

学習ポイント

1 能够

1) （ある種の能力があること、またはどの程度に能率・効果を上げ得るかを表す）…できる。

这家工厂一天能够生产一千辆汽车。
Zhèjiā gōngchǎng yìtiān nénggòu shēngchǎn yìqiānliàng qìchē.

他现在已经能够担任口译工作了。
Tā xiànzài yǐjīng nénggòu dānrèn kǒuyì gōngzuò le.

2) （条件や理屈の上で許されることを表す）できる。可能である。許される。

这个港口能够停泊万吨油轮。　Zhège gǎngkǒu nénggòu tíngbó wàndūn yóulún.
我们不能够轻易放弃原则。　Wǒmen bù nénggòu qīngyì fàngqì yuánzé.

🍀 请用"能够"造句：

2 应该

（道理・人情から言って）…でなければならない。…べきである。

遇事应该冷静。　　　Yùshì yīnggāi lěngjìng.
大家应该一起行动。　Dàjiā yīnggāi yìqǐ xíngdòng.

🍀 请用"应该"造句：

3 具有

書面語。そなえる。持つ。

具有信心。　　　　Jùyǒu xìnxīn.
具有历史性的意义。　Jùyǒu lìshǐxìng de yìyì.

🍀 请用"具有"造句：

4 才

動作の発生・完了が遅いことを表す。やっと、ようやく。

快两点了他才睡觉。　Kuài liǎngdiǎn le tā cái shuìjiào.
你怎么才来？　　　　Nǐ zěnme cái lái?

🍀 请用"才"造句：

5 不仅…而且

慣用句。…ばかりではなく、さらに…

不仅不缺钱，而且还有很多存款。
Bùjǐn bù quēqián, érqiě hái yǒu hěn duō cúnkuǎn.

要学好汉语不仅需要时间，而且还需要毅力。
Yào xuéhǎo Hànyǔ bùjǐn xūyào shíjiān, érqiě hái xūyào yìlì.

 请用"不仅…而且"造句：

6 等同于

書面語。…と同じくする。…と同一視する。…と同列に取り扱う。

这个概念等同于那个概念。　Zhège gàiniàn děngtóngyú nàge gàiniàn.
读书人不等同于文明人。　　Dúshūrén bù děngtóngyú wénmíngrén.

 请用"等同于"造句：

7 如果

（仮定を表す）もしも。もし…ならば

如果明天下雨，我不想去。
Rúguǒ míngtiān xiàyǔ, wǒ bù xiǎng qù.

如果想学好汉语，我建议去中国留学。
Rúguǒ xiǎng xuéhǎo Hànyǔ, wǒ jiànyì qù Zhōngguó liúxué.

 请用"如果"造句：

8 一定

"一定"＋動詞・形容詞という形。疑いなく。確かに。必ず。

他一定会同意。　　　Tā yídìng huì tóngyì.
你一定是记错了。　　Nǐ yídìng shì jìcuò le.　＊记错→記憶間違い

请用"一定"造句：

練習問題

1 カッコ内に語句のピンインを書き、音読しましょう。

(1) 国际化人才　（　　　　　）　　(7) 实践活动　（　　　　　）
(2) 高级人才　（　　　　　）　　(8) 熟练掌握　（　　　　　）
(3) 全球化　（　　　　　）　　(9) 立足之地　（　　　　　）
(4) 创新意识　（　　　　　）　　(10) 万事大吉　（　　　　　）
(5) 独立生活　（　　　　　）　　(11) 远远不够　（　　　　　）
(6) 心理素质　（　　　　　）　　(12) 捷径　（　　　　　）

2 日本語の意味に合うように次の語句を正しい語順に並べ替えましょう。

(1) これはある講演や講義を聴くだけで実現できるものではない。
　　这　实现的　只听　或　某节课　就　可以　某种演讲　不是

(2) 長期的な学習と実践活動を通して完成するものである。
　　才能　通过　学习　和　完成　实践活动　长期的

(3) 中国人の思考方式を理解するには、中国語を勉強することが近道になる。
　　想要　一定是　中国人的　学好　思维方式　汉语　捷径　了解

3 次の文を日本語に訳しましょう。

(1) 可以这么说，掌握的外语越多，国际适应性就越强。

　　答

(2) 外语水平越高，社会地位就越高，处理问题的方法也就越多。

　　答

(3) 英语很重要，但是只会英语，还是远远不够的。

　　答

4 本文を参考にして次の文を中国語に訳しましょう。

(1) グローバル化競争の中でチャンスをつかむ。

(2) 国際慣例と国際法を熟知している。

(3) 海外で自分が生活する立脚地を見出す。

(4) 外国語を上手に操る能力を身に着ける。

(5) このような考え方は偏っている。

5 中国語でディスカッションしましょう。

(1) "国际化人才"是什么样的人才？
   答

(2) "国际化人才"的七个特点中，你认为哪个最难？
   答

(3) 你认为自己有哪些特点？
   答

(4) "国际化人才"对外语能力有什么样的要求？
   答

(5) 了解中国的捷径是什么？
   答

軽声語彙表

軽声語彙	ピンイン	軽声語彙	ピンイン
～吧	ba	～呢	ne
便宜	piányi	朋友	péngyou
～不到	budào	漂亮	piàoliang
～不起	buqǐ	起来	qǐlai
部分	bùfen	认识	rènshi
打招呼	dǎzhāohu	日子	rìzi
～得	de	～上	shang
～的	de	上司	shàngsi
～地	de	什么	shénme
弟弟	dìdi	时候	shíhou
东西	dōngxi	受不了	shòubuliǎo
～个	ge	熟悉	shúxi
～过	guo	五十六	wǔshiliù
～过来	guòlai	喜欢	xǐhuan
还是	háishi	谢谢	xièxie
记不住	jìbuzhù	休息	xiūxi
讲究	jiǎngjiu	意识	yìshi
来不及	láibují	意思	yìsi
～了	le	有没有	yǒumeiyǒu
～里	li	怎么	zěnme
～吗	ma	这么	zhème
慢慢	mànman	～着	zhe
～们	men	真是	zhēnshi
那么	nàme		

＊本文に出てくる軽声語彙

日本地図

1 北海道　Běihǎi dào
2 青森县　Qīngsēn xiàn
3 岩手县　Yánshǒu xiàn
4 宫城县　Gōngchéng xiàn
5 秋田县　Qiūtián xiàn
6 山形县　Shānxíng xiàn
7 福岛县　Fúdǎo xiàn
8 茨城县　Cíchéng xiàn
9 枥木县　Lìmù xiàn
10 群马县　Qúnmǎ xiàn
11 埼玉县　Qíyù xiàn
12 千叶县　Qiānyè xiàn
13 东京都　Dōngjīng dū
14 神奈川县　Shénnàichuān xiàn
15 新潟县　Xīnxì xiàn
16 富山县　Fùshān xiàn
17 石川县　Shíchuān xiàn
18 福井县　Fújǐng xiàn
19 山梨县　Shānlí xiàn
20 长野县　Chángyě xiàn
21 岐阜县　Qífù xiàn
22 静冈县　Jìnggāng xiàn
23 爱知县　Àizhī xiàn
24 三重县　Sānchóng xiàn
25 滋贺县　Zīhè xiàn
26 京都府　Jīngdū fǔ
27 大阪府　Dàbǎn fǔ
28 兵库县　Bīngkù xiàn
29 奈良县　Nàiliáng xiàn
30 和歌山县　Hégēshān xiàn
31 鸟取县　Niǎoqǔ xiàn
32 岛根县　Dǎogēn xiàn
33 冈山县　Gāngshān xiàn
34 广岛县　Guǎngdǎo xiàn
35 山口县　Shānkǒu xiàn
36 德岛县　Dédǎo xiàn
37 香川县　Xiāngchuān xiàn
38 爱媛县　Àiyuán xiàn
39 高知县　Gāozhī xiàn
40 福冈县　Fúgāng xiàn
41 佐贺县　Zuǒhè xiàn
42 长崎县　Chángqí xiàn
43 大分县　Dàfēn xiàn
44 宫崎县　Gōngqí xiàn
45 熊本县　Xióngběn xiàn
46 鹿儿岛县　Lù'érdǎo xiàn
47 冲绳县　Chōngshéng xiàn

単語索引

※数字は課数を表す

A

安静地	ānjìng de	静かに	2
安排	ānpái	割振りする、手配する	6
按照	ànzhào	〜にしたがう	1

B

棒球	bàngqiú	野球	4
变得	biànde	…になる	10
边缘	biānyuán	周辺部	9
表示尊敬	biǎoshì zūnjìng	尊敬の意を表する、敬意を示す	1
比如	bǐrú	たとえば	4
不得不	bùdébù	せざるを得ない	9
不太习惯	bútài xíguàn	あまり慣れていない	2
不同	bùtóng	違う、異なる	1

C

惨剧	cǎnjù	惨劇	6
柴油	cháiyóu	軽油	11
差距	chājù	格差、へだたり、ひらき	9
长跑	chángpǎo	長距離ランニング	4
厂商	chǎngshāng	メーカー	11
场所	chǎngsuǒ	場所、ところ、場合	8
阐释	chǎnshì	解釈する、詳説する	7
成群结队	chéngqúnjiéduì	群れをなす	2
成为	chéngwéi	…になる	5
车牌	chēpái	ナンバープレート	11
车站	chēzhàn	駅、バス停	2
充值卡	chōngzhíkǎ	プリペイドカード	3
创始人	chuàngshǐrén	創始者、開発者	5
创新	chuàngxīn	新しいものを創り出す	12
传入	chuánrù	伝来する	7
处于	chǔyú	…に置かれている	9
出租车	chūzūchē	タクシー	6
此外	cǐwài	このほかに	5
从前	cóngqián	昔、以前、これまで、従前	1

D

从头到脚	cóngtóu dàojiǎo	頭から足まで	8
达到	dádào	達する	6
答复	dáfù	返事、返答	10
淡定的	dàndìng de	心を落ち着かせているたとえ	2
但是	dànshì	しかし	9
悼念	dàoniàn	(死者を)追憶し、悼み悲しむ	8
导致	dǎozhì	引き起こす	6
搭配	dāpèi	組合せ	10
得不到	débudào	得られない	6
等	děng	待つ(口頭用語)	2
等待	děngdài	待つ(書面語)	2
等同于	děngtóngyú	〜に同じである	12
电能车	diànnéngchē	電気自動車	11
低头	dītóu	うつむく	6
对	duì	〜に(向かって)、〜に対して	1
对方	duìfāng	相手	1
独生子女	dúshēngzǐnǚ	一人っ子	9

E

| 而且 | érqiě | かつ、そのうえ、しかも | 4 |
| 二维码支付 | èrwéimǎ zhīfù | QRコード決済 | 6 |

F

防火墙	fánghuǒqiáng	ファイヤーウォール	5
烦恼	fánnǎo	悩み	3
蜂拥而上	fēngyōng'érshàng	殺到する、押し寄せる	2
分为	fēnwéi	…に分ける	11
服务行业	fúwùhángyè	サービス業	10

G

感受到	gǎnshòudào	感じ取る	10
跟	gēn	～と	1
各种各样	gèzhǒnggèyàng	さまざまな	3
共	gòng	全部で、合計	7
公交卡	gōngjiāokǎ	交通カード	3
工具	gōngjù	道具、ツール	4
沟通	gōutōng	疎通する	12
购物	gòuwù	買い物	5
购物卡	gòuwùkǎ	買物カード	3
贵宾卡	guìbīnkǎ	VIPカード	3
过马路	guò mǎlù	道路を渡る	6
过去	guòqù	かつて、以前	9

H

好处	hǎochù	メリット、有利な点	4
合作	hézuò	提携、協力	11
红色	hóngsè	赤色	8
红一色	hóngyísè	赤ずくめ、赤一色	8
会	huì	～する可能性がある	1
会员卡	huìyuánkǎ	会員カード	3
互联网	hùliánwǎng	双方向ネットワーク、インターネット	5
混合动力车	hùnhédònglìchē	ハイブリッド車	11

J

加分	jiāfēn	加点	9
减肥	jiǎnféi	ダイエットする	4
讲究	jiǎngjiu	こだわり	10
降线	jiàngxiàn	合格ラインを下げる	9
较强的	jiàoqiáng de	比較的に強い	12
交往	jiāowǎng	付き合う、交際する	1
假期	jiàqī	休暇、休み	4
加塞儿	jiāsāi'r	(列に) 割り込む	2
价值观念	jiàzhíguānniàn	価値観	10
接轨	jiēguǐ	軌道につなげる、合わせる	2
节假日	jiéjiàrì	祝祭日	8
捷径	jiéjìng	近道	12
积分卡	jīfēnkǎ	ポイントカード	3
几乎	jīhū	ほとんど、ほぼ	10
惊叹不已	jīngtànbùyǐ	驚いてやまない	2
金光闪闪	jīnguāng shǎnshǎn	黄金色に輝く	8
进行	jìnxíng	行う	11
计算机	jìsuànjī	電子計算機、コンピュータ	5
究竟	jiūjìng	結局	3
机遇	jīyù	機会、チャンス	12
举办	jǔbàn	行う、始める、催す	8

K

看到	kàndào	目に入る	2
可以说	kěyǐshuō	～と言える	5
可以这么说	kěyǐ zhème shuō	～と言える	12
恐怕	kǒngpà	おそらく	3
快于	kuàiyú	…より速い	9
宽广	kuānguǎng	広い	12
跨文化	kuàwénhuà	異文化	12

L

来自	láizì	…から来る	11
篮球	lánqiú	バスケットボール	4
老年人	lǎoniánrén	高齢者	11
老牌	lǎopái	ブランド	11
脸书	Liǎnshū	Facebook	6
连我	Liánwǒ	LINE	6
了解	liǎojiě	理解する、了解する、分かる、知る	7
礼貌	lǐmào	礼儀、礼節、マナー	1
另外	lìngwài	それに、そのほか	1
另一方面	lìngyìfāngmiàn	また一方	8
留给	liúgěi	…に残す	10
立足之地	lìzúzhīdì	足場、立脚地	12

M

迈出	màichū	またぐ	10
买票	mǎipiào	入場券（チケットなど）を買う	2
慢跑	mànpǎo	ジョギング	4
美苏	Měi-Sū	アメリカとソビエト	5
媒体	méitǐ	メディア	6
没有用	méiyǒuyòng	無用な、役に立たない	3
面对	miànduì	直面する	9
明显	míngxiǎn	はっきりしている、明らかである	9
默默地	mòmò de	黙々と	2
某种意义上	mǒuzhǒng yìyìshang	ある意味	5
目前	mùqián	目下	5

N

能源	néngyuán	エネルギー	11
年轻人	niánqīngrén	若者	4

P

排队	páiduì	順番待ち、列を作ってならぶ	2
排球	páiqiú	バレーボール	4
袍	páo	（中国式の）長衣	8
跑步	pǎobù	ランニング	4
片面	piànmiàn	一面的、偏っている、全面的でない	12
乒乓球	pīngpāngqiú	卓球	4
频率	pínlǜ	頻度	1
品质过硬	pǐnzhìguòyìng	品質が優れるというたとえ	10
破解者	pòjiězhě	クラッカー	5

Q

强势	qiángshì	優勢	9
谦让	qiānràng	遠慮する、譲る	10
潜水	qiánshuǐ	ダイビング	4
汽车	qìchē	自動車	11
球类	qiúlèi	球技類	4
汽油	qìyóu	ガソリン	11
全球化	quánqiúhuà	グローバル化	12
却	què	…のに、にもかかわらず	8
取舍	qǔshě	取捨する、選択する	5

R

热卖	rèmài	よく売れる	7
人身伤亡	rénshēn shāngwáng	人身死傷	6
认为	rènwéi	～思う、認める	1
仁政	rénzhèng	情け深い政治	7
弱化	ruòhuà	弱体化	9

S

三思而行	sānsī'érxíng	熟考の上実行する	5
上厕所	shàng cèsuǒ	トイレに行く	6
烧烤	shāokǎo	バーベキュー	4
身份	shēnfèn	身分	3
盛行	shèngxíng	盛んである、盛んに	8
升学	shēngxué	進学	9
省油	shěngyóu	省エネルギー	11
甚至	shènzhì	～さえ	3
适应	shìyìng	適応する　順応する　添う	8
手机软件	shǒujī ruǎnjiàn	携帯アプリ	6
说法	shuōfǎ	言い方	1
思维	sīwéi	考え方、思考	12
随心所欲	suíxīnsuǒyù	ほしいままにふるまう、思いのままにする	8

T

台阶	táijiē	階段	2
叹为观止	tànwéiguānzhǐ	しきりに感心する	10
提倡	tíchàng	提唱する、呼びかける	7
提高	tígāo	引き上げる、高める	4
提升	tíshēng	改善、上昇	10
通婚	tōnghūn	婚姻を結ぶ	9

推特	Tuītè	Twitter	6

W

网络	wǎngluò	ネットワーク	5
网球	wǎngqiú	テニス	4
万事大吉	wànshìdàjí	万事めでたし	12
玩水	wánshuǐ	水遊びする	4
微博	Wēibó	Weibo	6
为了	wèile	～ために（目的を表す）	1
微信	Wēixìn	WeChat	6
温饱	wēnbǎo	衣食が満ち足りること	2
五花八门	wǔhuābāmén	多種多様、さまざま	3
无污染	wúwūrǎn	クリーンな	11

X

喜爱	xǐ'ài	好む、かわいがる	4
显得	xiǎnde	いかにも…に見える	1
乡村	xiāngcūn	田舎、山村	10
相对于…来说	xiāngduìyú…láishuō	相対的…に対して…	9
想法	xiǎngfǎ	考え方	12
显示	xiǎnshì	示す	6
鲜艳	xiānyàn	鮮やか、あでやかで美しい	8
消费	xiāofèi	消費	3
销售	xiāoshòu	販売	11
幸会	xìnghuì	お会いできて幸いですという意	1
新娘	xīnniáng	花嫁	8
信息资源	xìnxīzīyuán	情報量	5
喜庆	xǐqìng	慶事	8
习以为常	xíyǐwéicháng	繰り返すうちに当たり前になる	2
选择	xuǎnzé	選択、選ぶ	8
寻找	xúnzhǎo	探す	12

Y

眼界大开	yǎnjiè dàkāi	大いに見聞を広める	10
颜色	yánsè	色	8
延续	yánxù	引き継ぐ、継承する	10
以及	yǐjí	及び	5
应付	yìngfu	対応する	10
硬件	yìngjiàn	ハードウェア	5
引起	yǐnqǐ	引き起こす、もたらす、巻き起こす	2
因人而异	yīnrén'éryì	人によって異なる、人それぞれ	4
用户	yònghù	使用者、ユーザー	5
用来	yònglái	…に使う	3
由此可见	yóucǐkějiàn	これでわかる、このことからわかる	7
有趣的	yǒuqù de	面白い	4
远远不够	yuǎnyuǎnbúgòu	はるかに足りない	12
羽毛球	yǔmáoqiú	バドミントン	4

Z

葬礼	zànglǐ	葬式	8
造成	zàochéng	引き起こす、きたす	6
造价	zàojià	コスト	11
账单	zhàngdān	勘定書	6
掌握	zhǎngwò	身につける	12
真的	zhēnde	真に、本当に	9
整理	zhěnglǐ	整理する、整える	7
只	zhǐ	ただ	1
指	zhǐ	指す	12
致力于	zhìlìyú	…に力を集中する、努力する、力を注ぐ	7
智能手机	zhìnéngshǒujī	スマートフォン	6
职员卡	zhíyuánkǎ	職員カード	3
逐渐	zhújiàn	次第に	6
专心	zhuānxīn	一心不乱にやる、余念がない	7
抓住	zhuāzhù	掴む	12
主动	zhǔdòng	自発的	10
注重	zhùzhòng	重要視する、特に力を入れる	2
走进	zǒujìn	歩いて入る、入る、進入する	5
最早	zuìzǎo	最初、最古	7
足球	zúqiú	サッカー	4

【著者紹介】

崎原麗霞　国立大学法人　鳥取大学　准教授
丁雷　　　慶應義塾大学文学部　准教授

音声吹込　李洵
　　　　　李軼倫

音読で身につく中国語　中級

| 検印省略 | Ⓒ 2019 年 4 月 1 日　第 1 版　発行 |
| | 2024 年 1 月 31 日　第 3 刷　発行 |

著　者　　　　　　　　　　　崎原　麗霞
　　　　　　　　　　　　　　丁　　雷

発行者　　　　　　　　　　　原　　雅久
発行所　　　　　　　　株式会社　朝日出版社
　　　　〒101-0065　東京都千代田区西神田 3-3-5
　　　　　　　電話（03）3239-0271・72（直通）
　　　　　　　振替口座　東京　00140-2-46008
　　　　　　　　　　　組版　欧友社
　　　　　　　　　　　印刷　図書印刷
　　　　　　　　http://www.asahipress.com

乱丁、落丁本はお取り替えいたします。
ISBN978-4-255-45323-1　C1087

本書の一部あるいは全部を無断で複写複製（撮影・デジタル化を含む）及び転載することは、法律上で認められた場合を除き、禁じられています。